Karin Meinhardt, Hermann Weber · Erfolg durch Coaching

Windmühle GmbH Verlag und Vertrieb von Medien

FÜHRUNG IM
21. JAHRHUNDERT

Karin Meinhardt
Hermann Weber

ERFOLG DURCH COACHING

Windmühle GmbH Verlag und Vertrieb von Medien

Deutsche Bibliothek - CIP-Einheitaufnahme
Meinhardt, Karin:
Erfolg durch Coaching ; Führung im 21. Jahrhundert /
Karin Meinhardt ; Hermann Weber. - Hamburg :
Windmühle, Verlag und Vertrieb von Medien, 2000
ISBN 3-922789-82-X

1. Auflage 2000

Printed in Germany
Layout: Regina Isterling, Hamburg

Inhalt

Einführung

Ein Rezept von erfolgreichen Führungskräften lautet: „Geh mit Lösungen zu Vorgesetzten und mit Problemen zu Mitarbeitern." Oft genug wird diese Regel ins Gegenteil verkehrt: Ein Abteilungsleiter konfrontiert seinen Chef mit Problemen und seine Mitarbeiter mit fertigen Lösungen. Das hat Folgen.

Fangen wir mit Letzterem an. Wenn man als Führungskraft den Mitarbeitern die eigene vorgefertigte Lösung „verkauft", kommt häufig Widerstand auf, vor allem bei den erfahrenen Leuten. Die meisten Mitarbeiter wollen und können gewöhnlich die Probleme, die ihren unmittelbaren Arbeitsbereich betreffen, selbst lösen. Je besser Mitarbeiter informiert sind, je mündiger sie sind und je klarer die Rahmenbedingungen definiert sind, desto mehr sind sie bereit, Verantwortung zu übernehmen. Mitarbeiter schätzen es, wenn man mit der Frage auf sie zukommt: „Es ist das Problem X aufgetreten, welche Möglichkeiten sehen Sie?" Dies hat nichts mit Schein- oder Basisdemokratie zu tun. Wenn jede Hierarchieebene ihren Zielrahmen definiert und die nächste Ebene an der Umsetzung mitwirken lässt, kann nichts schiefgehen.

Mindestens genauso problematisch kann es werden, wenn man dem Chef Probleme erzählt, zum Beispiel, warum der Mitarbeiter X gerade nicht motiviert ist oder warum man den schwierigen Mitarbeiter Y nicht loswird oder warum in der Gruppe Unruhe herrscht. In dieser Situation reagieren Vorgesetzte sehr unterschiedlich, manchmal auch unberechenbar: Die einen haben die Patentlösung parat und bilden Sätze mit: „Da müssen Sie jetzt..." Andere greifen sofort zum Telefon und setzen Himmel und Hölle in Bewegung. Wieder andere reagieren irritiert: Hat der Mann oder die Frau etwa den eigenen Laden nicht im Griff? Ist er oder sie überfordert? Manche sagen auch: „Das müssen Sie alleine lösen, das gehört zu Ihrem Job" (und denken insgeheim: „Gott sei Dank ist das nicht mein Problem"). In jedem dieser Fälle wird der Untergebene genauestens prüfen, worüber er seinen Chef künftig informiert und worüber nicht.

Coaching ist eine Methode, die diese Regel verletzt. Der Mitarbeiter geht mit einem Problem zum Chef – und der Chef soll möglichst keine Ratschläge geben. Er soll den Mitarbeiter durch kluge Fragen sein Problem selber lösen lassen. Das ist für die Beteiligten anfänglich etwas ungewohnt, aber die Methode erweist sich als ausgesprochen wirksam. Das ist ein Grund, warum wir dieses Buch geschrieben haben. Obwohl es schon viele Bücher über Coaching gibt, beschreibt doch keines davon ein wirkliches Coachinggespräch, geschweige denn einen Coachingprozess zwischen einem Vorgesetzten und einem Mitarbeiter. Diese Lücke wollen wir schließen. Aus unseren Erfahrungen als Vorgesetzte und als Berater möchten wir Führungskräften konkrete Regeln und Anleitungen an die Hand geben. Es soll ein klassisches „How-to-do-Buch“ sein.

Besonders liegen uns die Fallbeispiele am Herzen. Sie sollen den Eindruck vermitteln, dass Coaching ein alltagstaugliches und modernes Führungsmittel ist. Die Fälle stammen aus dem „echten Leben“, wir haben sie lediglich zugunsten der Lesbarkeit und der Anonymisierung etwas verfremdet.

Der Aufbau des Buches richtet sich nach zunehmendem Komplexitätsgrad von Coachinggesprächen. Wir beginnen mit einer kurzen Definition (Teil 1) und behandeln dann die Gespräche, in denen der Mitarbeiter mit fachlichen Problemen kommt (Fachcoaching, Teil 2). Der Exkurs über den Systemischen Ansatz (Teil 3) bereitet den Boden für die Situationen, in denen Probleme des zwischenmenschlichen Miteinanders zum Coachingthema werden (Beziehungscoaching, Teil 4). Dass es auch Hindernisse und Fallen beim Coaching geben kann, schildern wir im Teil 5. Einen ganzen Coachingprozess beschreiben wir im Teil 6, in dem wir gleichzeitig spezielle Fragestellungen (Coaching bei Motivationsproblemen, Umgang mit Ambivalenzen) vertieft behandeln. Die Checklisten und Hilfsmittel für den praktischen Einsatz finden Sie im abschließenden Teil 7.

In den Seminaren hören wir häufig von den teilnehmenden Führungskräften: „Ich mache eigentlich schon lange Coaching, ich pflege schon lange den kooperativen Führungsstil, ich beziehe meine Mitarbeiter immer schon ein.“ Es wird dann das Bild des Fußballtrainers bemüht, der mehr oder weniger wild gestikulierend am Spielfeldrand steht und versucht, den Spielern klarzumachen, wie sie jetzt ein Tor schießen sollen, denn „nicht der Trainer schießt die Tore, sondern die Spieler.“

 Dieses Bild führt unserer Meinung nach zu Missverständnissen über Coaching, daher wollen wir eine andere Metapher einführen. Stellen Sie sich vor, Sie wären Tennistrainer, und Boris Becker hätte Sie darum gebeten, ein Problem für ihn zu lösen (z.B. warum im letzten Satz sein zweiter Aufschlag immer daneben ging). Ein Boris Becker kann Tennis spielen, das muss ihm keiner beibringen. Wenn er also ein Problem hat, dann ist es etwas Besonderes, Nichtalltägliches, das er nicht alleine bewältigt. Er weiß, dass er jemanden vom Spielfeldrand braucht, der die Dinge aus einer anderen Perspektive sieht. Dementsprechend hätten Sie Boris auch keine billigen Ratschläge erteilt, sondern ihm Ihre Wahrnehmung geschildert. Die Schlüsse daraus kann und muss er selbst ziehen, denn „die Wahrheit liegt auf dem Platz".

Als Vorgesetzter denkt man nicht immer daran, dass man erfahrene Leute in der Gruppe hat, die sehr viel von ihrem Fachgebiet verstehen. Man muss ihnen nicht beibringen, wie sie ihre tägliche Arbeit erledigen sollen. Was diese Mitarbeiter nicht brauchen, sind Besserwisser. Sie brauchen einen Partner, der mit ihnen zusammen die Voraussetzungen schafft, dass sie selbst eine Lösung finden.

Am Ende des Seminars heißt es dann: „Eigentlich ist Coaching doch etwas anderes. So anders hatte ich mir das nicht vorgestellt. Aber ich will es unbedingt ausprobieren."

In erster Linie wenden wir uns mit diesem Buch an die Führungskräfte auf allen Ebenen. Daneben wollen wir auch die Personalentwickler ansprechen, die in Seminaren ihren Teilnehmern vermitteln wollen, wie Coaching geht. Wir hoffen, dass auch sie Tipps und Anregungen für ihre Arbeit finden werden.

Also dann: Viel Spaß und viel Erfolg beim Coachen!

Karin Meinhardt
Hermann Weber

Teil 1

Was ist Coaching?

Definition

Lesen Sie zunächst ein Alltagsgespräch:

Zwei Kollegen unterhalten sich beim Kaffee. Es ist kurz vor Weihnachten, und so entsteht die Frage: Was schenke ich meiner Freundin bloß zu Weihnachten? Häufig entsteht in dieser Situation ein klassischer Dialog, wie z.B:
„Schenk ihr doch ein Parfum."
„Hat sie schon."
„Ein Buch?"
„Sie liest nicht gerne."
„Oder einfach Blumen?"
„Das ist so normal."
„Pralinen?"
„Sie macht gerade Diät."

Dieses Vorschlags-Ablehnungs-Spiel lässt sich lange fortsetzen. So sehr der „Berater" sich auch abzappelt und immer neue Vorschläge macht, so sehr wird der andere gute Gründe finden, warum alles nicht geht.

Warum ist diese Form der Kommunikation regelmäßig so erfolglos? Zum einen kann es natürlich sein, dass der Kollege nur Konversation machen will, es geht ihm gar nicht darum, von diesem Gesprächspartner tatsächlich einen Rat für die Geschenkfrage zu erhalten. Dann ist es einfacher, zu bestätigen, wie schwierig es ist, passende Geschenke zu finden, und sich einem einträglicheren Thema zuzuwenden.

Wenn wir diese Möglichkeit außer Acht lassen und annehmen, der Kollege sucht tatsächlich einen Tipp für das Geschenk und sein Freund will ihm auch helfen – was kann er tun, um erfolgreicher zu sein?

Typisch an der Fragestellung „Was schenke ich..." ist, dass die Lösung derjenige, der die Frage stellt, am besten kennt – und nicht der Gefragte. Der Fragende weiß um die Wünsche und Abneigungen und besonderen Interessen des zu Beschenkenden. Daher kann ein Ratgeber nur durch großen Zufall einen Treffer landen, wenn er gerade das vorschlägt, was der andere sich auch vorstellen kann – und wahrscheinlich unbewusst auch wollte. Also sollte unser Ratgeber die Frage nicht beantworten – jedenfalls nicht mit einem Vorschlag, sondern Fragen stellen, die dem anderen helfen, selbst auf die Lösung zu kommen, z.B.:

„Wie außergewöhnlich soll das Geschenk sein?"
„Worüber hat sie sich in der Vergangenheit besonders gefreut?"
„Wenn du ihre beste Freundin fragtest, was sie sich am meisten wünscht, was würde sie antworten?"

Das Prinzip „Fragen statt sagen" ist ein Element des Coachings, die Grundeinstellung, dass der Partner in der Lage ist, das Problem selbst zu lösen, eine Voraussetzung. Dennoch würde man in diesem Fall nicht von „Coaching" sprechen, sondern von einer (mehr oder weniger erfolgreichen) Beratung. Zum Coaching gehört eine gewisse Dauerhaftigkeit, Coaching ist kein isoliertes Gespräch, sondern ein Prozess, der eine Veränderung zum Ziel hat.

Und natürlich wird es in diesem Buch nicht um private Fragen gehen, sondern um das Coaching in betrieblichen Situationen. Dennoch lassen sich einige Grundprinzipien von Coaching daran verdeutlichen :

Definition:
Coaching ist ein Entwicklungsprozess auf der Basis gegenseitigen Vertrauens, der eine innere Klärung bewirkt und Hilfe zur

Selbsthilfe zum Ziel hat. Im betrieblichen Kontext ist Coaching begrenzt auf berufliche Themen und Anforderungen.

Jeder kann im Betrieb ein Coach sein, der die Bedingung „gegenseitiges Vertrauen“ – auch in der jeweiligen Fragestellung – erfüllt: der Kollege, Mitarbeiter und Vorgesetzte. In diesem Buch wollen wir den Schwerpunkt auf das Coaching als Führungselement legen, auf das Coaching eines Mitarbeiters durch seinen Vorgesetzten. Für die Definition von Coaching im betrieblichen Kontext heißt das:

Coaching ist ein Entwicklungsprozess ...

Coaching will fördern, will verschüttetes Wissen oder verlernte Fähigkeiten aktivieren oder zu neuen verhelfen. D.h., am Ende eines Coachings weiß und kann der Gecoachte etwas besser, als er es vorher konnte. Durch die Form der Erarbeitung erfährt der Gecoachte nicht nur, was im konkreten Einzelfall zu tun ist, er erkennt Prinzipien, die er auf vergleichbare Situationen in der Zukunft selbständig anwenden kann. Dadurch dient Coaching im betrieblichen Kontext immer auch den Zielen des Unternehmens.

Coaching ist aber auch ein Entwicklungsprozess für den Coach: Durch die intensive Beschäftigung mit dem Partner erfährt er mehr über dessen Ansichten und lernt auch aus dessen Ideen und Vorschlägen.

Coaching ist deshalb immer ein gemeinsamer Entwicklungsprozess – und keine Einbahnstraße.

... auf der Basis gegenseitigen Vertrauens

Ein Coach braucht die Grundeinstellung, dass der andere in der Lage ist, selbst die Lösung der jeweiligen Fragestellung oder des Problems zu finden. Er geht davon aus, dass sein Partner kompetent ist, und sieht seine Rolle nicht als allein wissender Antwortgeber, sondern als Förderer des anderen. Daher ist Coaching nur bei Mitarbeitern möglich, von denen der Vorgesetzte überzeugt ist; wenn jemand zweifelt, ob er die richtige Einstellungsentscheidung getroffen hat, ist Coaching die falsche Methode.

Umgekehrt braucht jemand, der gecoacht werden will, das Vertrauen in die Kompetenz des anderen. Er muss überzeugt sein, dass sein Coach sowohl im betreffenden Thema jemand ist, dem er zutraut, ihn zu beraten, als auch – vor allem – ein guter Coach. Dazu gehört auch Vertraulichkeit und die Gewissheit, dass das, was der Vorgesetzte im Coaching erfährt, niemals gegen den Mitarbeiter verwendet wird. Im Coaching sind Mitarbeiter und Vorgesetzter gleichberechtigt.

Schließlich fördert ein gelungenes Coaching selbst das Vertrauensverhältnis zwischen Führungskraft und Mitarbeiter.

... der eine innere Klärung bewirkt

Anders als bei einer klassischen Rücksprache, einer Schulung oder Wissensvermittlung, erkennt der Gecoachte die Antwort auf seine Frage – oder erarbeitet sie sich. Er ist der Aktive in der Problemlösung und erlebt dies auch bewusst so; das Ergebnis ist sein Ergebnis, nicht das des Vorgesetzten. Häufig gibt es im Coaching Situationen, in denen dem Gecoachten, bildlich gesprochen, „ein Licht aufgeht". Er erkennt, dass er die Lösung in sich trug und dass sie nur zutage gefördert wurde.

... und Hilfe zur Selbsthilfe zum Ziel hat.

Coaching hat immer sein Ende zum Ziel. Es ist darauf ausgerichtet, die Fähigkeiten des Partners so zu stärken, dass er auch ohne Coaching in der Lage ist, kompetent zu handeln und zu entscheiden. Ein Coaching ist daher immer zeitlich begrenzt auf die Lösung des anstehenden Problems bzw. das Erreichen des definierten Ziels.

Coaching ist begrenzt auf berufliche Themen und Anforderungen ...

Eine Führungskraft bleibt auch im Coaching Vorgesetzter. Anders als der Kollege im Pausenbeispiel „Was schenke ich...?" verfolgt die Führungskraft das Ziel, die berufliche Qualifikation des Mitarbeiters zu stärken. Coaching ist also immer auch im Interesse des Vorgesetzten, er nimmt eine Führungsaufgabe wahr. Daraus ergibt sich – schon aus ethischen Gründen – die Abgrenzung zum Privatbereich. Eheprobleme eines Mitarbeiters gehören genauso wenig zum betrieblichen Coaching wie der Umgang mit seinem zänkischen Nachbarn.

Bei Suchtproblemen, medizinischen oder therapeutischen Indikationen ist die Grenze des Coachings durch den Vorgesetzten erreicht: In diesen Fällen sind professionelle Therapeuten gefordert.

Fachcoaching und Beziehungscoaching

Die Kollegen aus unserem Beispiel „Was schenke ich?“ sitzen wieder in der Kaffeepause zusammen. Diesmal geht es um die Frage: „Ich habe nächste Woche eine Präsentation bei der Firma Großkunde. Hast du für mich einen Tipp, wie ich den Auftrag bekomme?“

In dem folgenden Dialog sind: **R** = Ratsuchender und **C** = Coach.

C.:
Nun, ich weiß, dass du ein optimales Angebot vorbereitet hast – was macht dir Sorgen?

R.:
Der zuständige Einkäufer der Firma Großkunde ist ein scharfer Hund. Der handelt einer Großmutter ihren Enkel ab.

C.:
Heißt das, du befürchtest, dass er die Konditionen drücken will?

R.:
Ja, das war schon beim letzten Mal so. Da hab´ ich den Auftrag zwar bekommen, aber zu so schlechten Bedingungen, dass mir unser Chef fast den Kopf abgerissen hat.

C.:
Was tut er, wenn er so hart verhandelt?

R.:
Es geht eine Weile hin und her, und wenn ich nicht nachgebe, steht er auf und droht, das Gespräch sofort zu beenden und die gesamte Geschäftsbeziehung abzubrechen.

C.:
Was denkst du, warum ist es dem Einkäufer so wichtig, bis aufs Letzte zu verhandeln?

R.:
Das ist doch normal.

C.:
Wie du es schilderst, ist es anders als bei anderen Kunden...

R.:
Ja, das stimmt. Er ist viel hartnäckiger, richtig verbissen.

C.:
Deshalb noch mal die Frage: Du kennst ihn, was, vermutest du, ist sein Motiv für diese Hartnäckigkeit?

R.:
Ich kenne seinen Boss nicht persönlich, aber was man so hört, ist das einer, der von seinen Leuten alles verlangt.
Vielleicht muss der Einkäufer ihm beweisen, dass er seine Arbeit gut macht.

C.:
Ja, das klingt plausibel. Noch eine andere Frage: Wie schätzt du deine persönliche Beziehung zu dem Einkäufer ein?

R.:
Normal. Wenn wir nicht gerade über Preise reden, sogar ganz ent-spannt. Da machen wir schon mal Witze oder reden über Fußball.

C.:
Gut. Noch eine Frage zur Sache: Weißt du, ob es Konkurrenzangebote gibt?

R.:
Ich bin ziemlich sicher, das die drei Firmen, die letztes Mal mitgeboten haben, wieder dabei sind.

C.:
Wie hoch sind deren Chancen?

R.:
A hat nicht genau das Produkt, das der Großkunde will, und B

war letztes Mal viel teurer als wir. C ist gut, aber der hat sonst keine Geschäftsbeziehung zum Großkunden – also ich denke, wir haben sehr gute Chancen.

C.:
Gut. Wie könntest du es schaffen, den Auftrag trotzdem nicht zu bekommen?

R.:
Also, das ist aber eine komische Frage...

C.:
Ja, ich weiß, wir wollen den Auftrag natürlich. Aber wenn wir wissen, was du auf keinen Fall tun darfst, ist das eine wichtige Information...

R.:
O.k., ich verstehe. Also: Ich würde es vermasseln, wenn ich keinen Millimeter nachgäbe und den Einkäufer spüren ließe, dass ich weiß, dass wir die besten Chancen haben.

C
Lass uns mal zusammenfassen...

R.:
Der Einkäufer hat ein gutes Verhältnis zu mir, die Chancen gegenüber der Konkurrenz sind groß, aber er braucht einen Verhandlungserfolg, um bei seinem Chef gut dazustehen.

C.:
Ja. Hilft dir das für deine Strategie im Gespräch?

R.:
Ich müsste eine Sollbruchstelle einbauen, etwas, auf das ich verzichten kann und das ihm seinen Verhandlungserfolg gibt.

C.:
Hast du eine Idee, was das sein könnte?

R.:
Ja, da fällt mir einiges ein.

C.:
Gibt es Nachteile bei diesem Vorgehen?

R.:
Ich darf natürlich nicht überziehen, das Angebot muss trotzdem überzeugend sein.

C.:
O.k., ist deine Frage damit beantwortet?

R.:
Ja, super. Ich überarbeite das Angebot noch mal und hab´ jetzt ein viel besseres Gefühl für das Gespräch nächste Woche.
Weißt du, ich hab´ immer gedacht, ich muss gleich das Optimalangebot machen, um überhaupt eine Chance zu haben.
Jetzt ist mir klar, dass ich damit keinen Verhandlungsspielraum mehr habe, den brauchen Leute wie der Einkäufer, um auch ihren Erfolg zeigen zu können.

C.:
Prima. Ich möchte dich noch etwas fragen: Ich habe den Eindruck, dass du bei Kunden, die so hart verhandeln, öfters unsicher wirst. Ist da was dran?

R.:
Ja, also ehrlich gesagt, passiert mir das schon öfters.
Wenn mich jemand unter Druck setzt, weiß ich einfach nicht mehr, was ich machen soll.
Ich habe Angst rauszufliegen, wenn ich nicht nachgebe, und dann fallen mir die besten Argumente nicht mehr ein.

C.:
Was passiert dann?

R.:
Ich werde nervös und denke nur noch, ich muss irgendwie im Gespräch bleiben.

C.:
Und dann?

R.:
Naja, das letzte Mal habe ich dann alles zugestanden, was der andere wollte.

C.:
Ich mache dir einen Vorschlag: Du lässt dich zum Thema „Verhalten in schwierigen Verhandlungen“ coachen.

R.:
Von dir?

C.:
Nein, da solltest du dir einen Verhandlungsexperten suchen. Fällt dir jemand ein?

R.:
Unser bester Verhandler ist unser Chef. Meinst du, den könnte ich fragen?

C.:
Ja, das habe ich auch schon getan. Daher weiß ich, dass er nicht nur ein guter Verhandler, sondern auch ein guter Coach ist.

R.:
O.k., ich werd's probieren – und danke für den Tipp.

In diesem Beispiel sind zwei Arten von Coaching enthalten: Im ersten Teil – „Wie bekomme ich den Auftrag?" – geht es um ein typisches **Fachcoaching**. Gegen Ende des Gesprächs leitet der Coach zum **Beziehungscoaching** über: Er spricht die generelle Thematik „Umgehen mit hart verhandelnden Kunden" an. Diese Einteilung werden wir in den folgenden Kapiteln beibehalten und zunächst das Fach-, dann das Beziehungscoaching ausführlich erläutern.

Was unterscheidet Fach- und Beziehungscoaching?

Im Fachcoaching geht es um einfache bis komplizierte Sachverhalte, objektive Gegebenheiten und inhaltliche Handlungsalternativen, also um Entscheidungen, die in einzelnen Fällen oder Situationen zu treffen sind. Gefordert sind vor allem die Fach- und Methodenkompetenz des Ratgebenden, also sein Fachwissen und die Fähigkeit, dies in konkreten Situationen anzuwenden.

Im Beziehungscoaching steht der Mensch im Mittelpunkt, sein Verhalten in komplexen Situationen. Komplex meint hier: Es gibt viele Einflussfaktoren, die sich dazu gegenseitig beeinflussen. Ursache-Wirkungs-Denken allein genügt nicht, denn die Wirkung einer Aktion ist gleichzeitig wieder Ursache für eine andere Auswirkung. Dies gilt typischerweise für alle sozialen Situationen. Ein kleines Beispiel, um diese Wechselwirkung in komplexen Situationen zu verdeutlichen, ist der klassische Paarkonflikt – pointiert von Watzlawick dargestellt: Ein Mann geht in die Kneipe, seine Frau schimpft. Im Ursache-Wirkungs-Denken dürfte die Darstellung der beiden Beteiligten sehr unterschiedlich sein: Der Mann könnte sagen: „Ich gehe nur in die Kneipe, weil meine Frau immer schimpft." Die Frau würde ausführen: „Ich schimpfe nur, weil mein Mann immer in die Kneipe geht." Eine Lösung nach diesem Ursache-Wirkungs-Prinzip ist höchst unwahrscheinlich; komplexe Situationen bedürfen komplexerer Zugangsformen.

Typische Anlässe für ein Beziehungscoaching sind Situationen, in denen die Sozial- und Individualkompetenz des Ratsuchenden im Mittelpunkt stehen, also seine Kommunikations- und Interaktionsfähigkeit sowie seine Fähigkeit zur Selbstreflexion: Situationen, in denen es z.B. um Konflikte mit anderen geht, um Stress, Unsicherheit oder den Grad der Motivation für etwas.

Welche Vorteile bietet das getrennte Betrachten von Fach- und Beziehungscoaching?

Je komplexer das Problem des Ratsuchenden ist, desto größere Vielfalt braucht der Coach, um damit angemessen arbeiten zu können. Im Fachcoaching kommen Coaches mit durchweg gängigen Gesprächsformen aus, die sich auch von Laien aus dem Stand heraus sofort anwenden lassen. Im Beziehungscoaching braucht der Coach darüber hinaus verstärkt die Fähigkeit, sich einzufühlen, Zusammenhänge zu erkennen und so den Blick des Gecoachten zu erweitern. Dazu arbeitet er mit Gesprächsformen, die speziell für diese Art des Coachings hilfreich sind.

In diesem Buch werden wir nach dem Prinzip „Vom Bekannten zum Neuen" vorgehen und mit dem Teil „Fachcoaching" beginnen. Der Teil „Beziehungscoaching" baut dann auf diesen Inhalten auf.

Unterscheidung zwischen Fachcoaching und Beziehungscoaching

	Fachcoaching	Beziehungscoaching
Merkmale	–einfache bis kompli- zierte Sachverhalte –objektive Gegebenheiten –inhaltliche Alternativen	–komplexe bis sehr komplexe Sachverhalte –subjektive Einschät- zung von Situationen –verhaltensbezogene Alternativen
Kompetenzen	–Fachkompetenz: Das erforderliche Wissen undKönnen, um Fach- aufgaben umfassend bewältigen zu können. Z. B.: theoretisches Wissen, Schnelligkeit, Gründlichkeit, Richtigkeit –Methodenkompetenz: Das Wissen und Anwen- den von Methoden zur Aufgabenbewältigung. Z.B.: Arbeitsorganisation, Problemlösetechnik, Informationsbeschaf- fung, Selbständigkeit	–Sozialkompetenz: Die Fähigkeit, mit an- deren zu kommunizie- ren und interagieren. Z.B.:Teamfähigkeit, Konfliktfähigkeit, Kundenorientierung, Verkaufen und Verhandeln, Führen von Mitarbeitern –Individiualkompetenz: Die Fähigkeit zur Selbstreflexion, das Erkennen von eigenen Stärken und Schwächen, Initiative zur Weiterentwicklung. Z.B.: Einsatzbereit- schaft, Initiative, Flexibilität, Motivation
Anwendungs- beispiele	Fachliche Entscheidun- gen treffen, neue Zusammenhänge herstellen, verschüttetes Wissen aktivieren	Konflikte mit Kollegen, Mitarbeitern, Vorgesetzten, Stress, Unsicherheit in wiederkehrenden Situationen, Motivationsprobleme, Führungsfragen

Coaching, kombiniert mit anderen Führungselementen

Als Führungskraft arbeiten Sie täglich mit unterschiedlichsten Maßnahmen: Sie arbeiten neue Mitarbeiter ein, definieren Zuständigkeiten, delegieren Aufgaben, treffen Zielvereinbarungen, geben Rückmeldung, beurteilen die Leistung, motivieren, führen Einzel- und Gruppengespräche, informieren, schulen, qualifizieren Ihre Mitarbeiter weiter und leiten Entwicklungsmaßnahmen ein.

Coaching ist kein Allheilmittel. Es ersetzt keines der anderen Führungselemente, sondern ergänzt sie.

Chronologisch gesehen beginnt Coaching frühestens, nachdem die Einarbeitung umfassend abgeschlossen ist. Einen Mitarbeiter zu coachen, der sich noch die grundlegendsten Kenntnisse erarbeiten muss, ist wenig effektiv, zudem besteht die Gefahr, dass das Gespräch in ein Ratespiel ausartet. Wer noch zu wenig Wissen hat, um die Lösung erarbeiten zu können, bedarf der Einarbeitung und Schulung, des Erklärens und Vormachens – oder gezielter Aufgabenstellungen, z.B. im Rahmen des „Autonomen Lernens“. Dies gilt grundsätzlich für den Bereich des Fachcoachings. Im Beziehungscoaching kommt es auf die konkrete Fragestellung an; Coaching ist sinnvoll, sobald Sie davon überzeugt sind, dass der Mitarbeiter das Problem mit Ihrer Unterstützung aus eigener Kraft lösen kann.

Coaching ist zielorientiert, inhaltlich auf eine konkrete Problemlösung und zeitlich auf das Erreichen des Ziels begrenzt. Anlass ist eine „Soll-Ist-Abweichung“, ein Defizit, das Mitarbeiter oder Führungskraft erkannt haben, z.B. durch neue Aufgaben, neue Problemstellungen und betriebliche oder persönliche Veränderungen. Begleitend dazu können alle anderen Elemente sein.

Das Coaching endet, wenn das definierte Ziel erreicht und der Mitarbeiter in der Lage ist, seine neuen Erkenntnisse allein weiter umzusetzen.

Der Coachingprozess

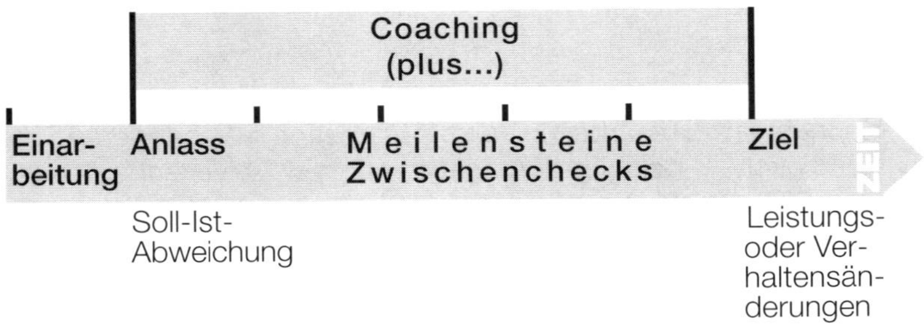

Begleitend – nach Bedarf

- Informieren
- Delegieren
- Zielvereinbarungen
- Kontrolle
- Rückmeldung und Beurteilung
- Einzelgespräche
- Gruppengespräche
- Weiterqualifizieren
- Aufgabenanreicherung, Aufgabenerweiterung
- etc.

Eher kritische Führungsaufgaben wie Ermahnung und Abmahnung sind bewusst nicht in das Schema aufgenommen. Wenn die Wahrscheinlichkeit besteht, sich von einem Mitarbeiter leistungsbedingt zu trennen, ist Coaching nicht mehr angebracht.

Teil 2

Fachcoaching

Anlässe – wann ist Fachcoaching hilfreich?

Stellen Sie sich eine betriebliche Alltagssituation vor: Eine Mitarbeiterin bittet ihren Vorgesetzten um eine Entscheidung. Dieser Vorgesetzte möchte, dass die Mitarbeiterin künftig selbständiger arbeitet. Er weiß, die Mitarbeiterin ist qualifiziert und verantwortungsvoll.

Statt einer knappen Antwort entsteht ein Dialog: (**V** = Vorgesetzter, **M** = Mitarbeiterin)

V.:
Hallo, Frau Frei, worum geht's?

M:
Frau Walter vom Großmarkt will 1000 Flaschen Chianti bestellen, aber nur, wenn sie statt der vereinbarten drei mindestens fünf Prozent Großabnehmerrabatt erhält. Gehen wir mit?

V.:
Sie kennen unsere Einkaufspreise und die Vorgaben – wieso denken Sie trotzdem darüber nach, mehr als drei Prozent zu geben?

M.:
Frau Walter ist zwar keine unserer ganz großen Kunden, aber sie bestellt kontinuierlich und bezahlt immer pünktlich. Es wäre schade, sie als Kundin zu verlieren. Im Durchschnitt kauft sie für 5000,– DM monatlich.

V.:
Das haben Sie ja schon gut recherchiert. Warum ist es Frau Walter so wichtig, den höheren Rabatt zu bekommen? Sie kann ihre Preise doch auch frei kalkulieren.

M.:
Sie hat sich nicht klar ausgedrückt, aber ich habe herausgehört, dass unsere Konkurrenz dahintersteckt. Die wollen ihr wohl weismachen, dass wir sie übers Ohr hauen, damit sie künftig alles bei ihnen kauft.

V.:
Klar, dass wir das vermeiden wollen. Haben Sie eine Idee?

M.:
Wir könnten natürlich auf das Angebot eingehen, ausnahmsweise.

V.:
Welche Auswirkungen hätte das?

M.:
Nun ja, wenn sich das herumspricht, wird unser Problem noch größer – aber Frau Walter ist zuverlässig, ich könnte ihr sagen, dass das unter uns bleiben muss.

V.:
Wie würde unser Konkurrent reagieren?

M.:
Wir hätten bald einen Preiskrieg – und Frau Walter wäre bestätigt, dass unsere Preise zu hoch sind, nein, so geht es nicht.

V.:
Welche anderen Möglichkeiten gibt es?

M.:
Mir fällt nichts ein...

V.:
Wie könnten wir Frau Walter auf andere Weise entgegenkommen?

M.:
Nun, wenn Sie das sagen: Den Vernacchia wollen wir aus dem Lager räumen; wenn sie davon noch 500 Flaschen nimmt, sind 5% absolut angemessen – und wenn das nicht reicht, kann ich noch über einen Staffelrabatt verhandeln.

V.:
Prima, wollen Sie es so versuchen?

M.:
Ja, mach´ ich – und ich bin sicher, wir behalten die Walter.

Ein Beispiel für Fachcoaching. Der Vorgesetzte beantwortet die Ausgangsfrage der Mitarbeiterin nicht, sondern führt sie durch gezielte Fragen zu einer Lösung. Er geht davon aus, dass diese Mitarbeiterin in der Lage ist, die Situation einzuschätzen, Alternativen zu erkennen und richtig zu bewerten. Was fehlt, ist Übung und Sicherheit. Klippen im Coachinggespräch führen nicht zum Überwechseln in die klassische Vorgesetztenrolle, die Führungskraft bleibt bei dem Ansatz: Der Mitarbeiter findet den richtigen Weg. Als die Mitarbeiterin einen Vorschlag macht, der nur das kurzfristige Problem lösen, dafür aber größere schaffen würde (der Forderung der Kundin zu folgen), bleibt der Vorgesetzte gelassen. Statt eines „Das geht nicht, weil..." fragt er die Mitarbeiterin nach den Auswirkungen und lässt sie selbst die Klemmstelle erkennen. Auch als die Sachbearbeiterin aufgeben will („Mir fällt nichts ein"), lässt sich der Chef sich nicht aus dem Coaching-Konzept bringen. Er zeigt eine Richtung auf, die ihr hilft, einen Weg zu finden. Auch hier gilt: Coaching ist Hilfe zur Selbsthilfe.

Vielleicht irritiert Sie die Länge des Gespräches? Zugegeben, mehrere Fragen zu stellen braucht mehr Zeit, als eine Antwort zu geben, die Sie aus jahrelanger Erfahrung möglicherweise sofort parat hätten. Coaching hat daher nur Sinn, wenn Sie weitere Ziele verfolgen als die rasche Klärung eines aktuellen Falls, z.B. wie hier, einen Mitarbeiter langfristig selbst erfolgreicher zu machen. So gesehen spart Coaching eine Menge Zeit: nämlich die für Rückfragen, die künftig nicht mehr entstehen, weil Mitarbeiter selbst die richtigen Entscheidungen treffen.

Sie kümmern sich als Führungskraft um Dinge, um die Sie sich nicht kümmern müssten? Sie treffen Einzelfallentscheidungen, die auch Ihre Mitarbeiter treffen könnten, wenn sie dieselben Regeln anwenden würden, wie Sie es tun? Ihre Mitarbeiter erledigen Aufgaben gut, sie könnten sie noch besser erledigen? Dies sind typische Anlässe für Fachcoaching.

Zur Erinnerung: Im Fachcoaching geht es um objektive Gegebenheiten, inhaltliche Fragestellungen, bei denen vorrangig Fach- und Methodenkompetenz gefragt sind.

In dem Beispiel: „Kann ich den Rabatt gewähren?" ging es dem Vorgesetzten darum, folgende Fähigkeiten seiner Mitarbeiterin zu stärken:

- Wissen um Möglichkeiten der Preisgestaltung
- das Anwenden dieses Wissens auf konkrete Kundensituationen
- die Problemlösefähigkeit, konkret: das Verknüpfen mehrerer Fakten, wie Rabatt und Lagerbestand
- die Selbständigkeit.

Im nächsten Abschnitt finden Sie Hinweise für die Frage, mit welchem Mitarbeiter Sie beginnen könnten, Fachcoaching anzuwenden.

Wen coachen?

Vor dem ersten Coaching-Gespräch stellen sich die Fragen: Welche Mitarbeiter soll ich coachen? Mit wem sollte ich beginnen?

Welche Kriterien sind nützlich, um diese Entscheidung treffen zu können? Ist Sympathie entscheidend? Oder die Dauer, die Intensität der Beziehung zwischen mir und dem Mitarbeiter? Vielleicht meine Zufriedenheit mit dessen Arbeitsleistung? Oder kommt es einfach auf das Thema an?

Alle diese Kriterien haben ihre Berechtigung. Sympathie und Intensität der Beziehung haben Einfluss darauf, in welchem Maß Sie als Coach von dem Mitarbeiter akzeptiert werden, wenngleich es zum Coaching keiner tiefen Freundschaft bedarf. Die Zufriedenheit mit den Leistungen eines Mitarbeiters kann eine Voraussetzung sein, damit Coaching überhaupt möglich ist (Sie trauen ihm zu, die anstehenden Fragen selbst besser bewältigen zu können), und thematisch sollten vor allem Sie selbst sich zutrauen, ein geeigneter Coach zu sein.

Nur eine Einschränkung sollten Sie beachten: Mitarbeiter, die noch sehr wenig Erfahrung besitzen, weil sie z.B. noch in der Einarbeitung sind, sollten Sie nicht für ein Coaching vormerken. Hier ist es besser, zunächst die Einarbeitung umfassend abzuschließen.

Führungskräfte, die begonnen haben, mit der Methode zu arbeiten, berichten häufig, dass es ihnen leichter gefallen ist, mit Fachcoaching anzufangen, also mit jemandem, dessen Fach- und Methodenkompetenz sie unterstützen wollten. Daraus kann sich ein weiterführendes Coaching entwickeln; ein Beispiel hierfür haben wir im 6. Teil beschrieben: „Coaching als Prozess“.

Einen Coaching-Plan erstellen

Nachdem Sie einen oder mehrere Mitarbeiter ausgewählt haben, denen Sie ein Coaching anbieten möchten, bereiten Sie sich auf das Gespräch vor. Dazu hilft folgendes Frageschema (Kopiervorlagen finden Sie im 7. Teil):

Drei Mitarbeiter, die ich coachen könnte:

____

____

____

Themen, die ich ansprechen möchte:

____

____

____

Informationen, die ich zuvor noch sammeln will:

____

____

____

Geeigneter Zeitpunkt, Anlass, Ort:

____

____

____

Der Beginn eines Fachcoachings

„Was denken denn meine Mitarbeiter, wenn ich plötzlich coache? Wie erkläre ich, dass ich jetzt Fragen stelle, statt zu antworten? Muss ich meine Mitarbeiter darauf vorbereiten, dass ich etwas anderes tue?" Solche Fragen werden häufig in Seminaren zum Coaching gestellt. Gehen sie Ihnen beim Lesen auch durch den Kopf?

Einer der Gründe, weshalb es sinnvoll ist, Fach- und Beziehungscoaching separat zu betrachten, ist, dass Fachcoaching sich nicht primär auf die Person und ihr generelles Verhalten, sondern ausschließlich auf die Art und Weise des Vorgehens in konkreten Situationen bezieht. Sie sprechen also vom Inhalt her über das, was Sie schon immer mit Ihren Mitarbeitern besprochen haben. Auch von den Gesprächsformen gibt es nichts Unbekanntes. Sie verwenden ausschließlich solche Formen, wie sie auch in alltäglichen (Mitarbeiter-) Gesprächen üblich sind, Sie...

- hören zu,
- stellen Fragen,
- geben Rückmeldung,
- geben Informationen und
- treffen Verabredungen.

Der Unterschied zum Mitarbeitergespräch oder zu einer Rücksprache liegt im gezielten Anwenden dieser Gesprächstechniken – und dem Weglassen anderer. Daher braucht reines Fachcoaching keine Ankündigung oder Einleitung. Erfahrungsgemäß fällt Mitarbeitern nach ihrem ersten Coaching auf, dass sie selbst aktiver waren als sonst und dass der Vorgesetzte in diesem Gespräch eher „Geburtshelfer" war als Produzent des Ergebnisses. Den Gesprächsverlauf finden sie jedoch nicht außergewöhnlich und hätten nicht erwartet, dass sie im Vorfeld darauf hingewiesen würden.

Wenn Sie mit Fachcoaching arbeiten wollen, tun Sie es einfach, wenn Ihr Mitarbeiter Sie das nächste Mal anspricht. Hören Sie zu und wenden Sie das Prinzip „Fragen statt sagen" konsequent an.

Wenn Sie von sich aus auf einen Ihrer Mitarbeiter zugehen wollen, weil Sie einen aktuellen Anlass sehen, in dem Sie durch Fachcoaching seine Fach- oder Methodenkompetenz verbessern könnten, kann es gut sein, mit einer Rückmeldung zu beginnen. Eine Rückmeldung über das, was Ihnen aufgefallen ist und was Sie zum Anlass des Coachings nehmen wollen. Mehr dazu finden Sie im 6. Abschnitt dieses Teils: „Rückmeldung als Element des Coachings".

Zuhören – und verstehen

Wenn Sie an Ihr letztes Mitarbeitergespräch denken: Wie hoch schätzen Sie Ihren Gesprächsanteil – und wie hoch den Ihres Mitarbeiters? Zuhören ist ein wichtiger Bestandteil von Coaching. Eine Folge davon ist, dass der Gesprächsanteil im Coaching zu 70 – 90% beim Mitarbeiter liegt.

Aktiv zuhören

Wer in einer Kommunikation nicht spricht, hört zu. Vielleicht. Er könnte aber auch mit seinen Gedanken anderswo sein: noch bei der vorletzten Äußerung seines Gesprächspartners, beim Vorformulieren seines nächsten durchschlagenden Arguments oder beim schlechten Zeugnis seines Sohnes.

Aktives Zuhören beschreibt unterschiedliche Formen von Äußerungen, die dem Gesprächspartner zeigen, dass der andere tatsächlich dem zuhört, was gerade gesprochen wird, und versucht, es zu verstehen.

1. Stufe: Zuhören signalisieren
durch Blickkontakt, Nicken, ein „Hm" oder „Ja" oder „Ja, verstehe"...

2. Stufe: Inhalte verstehen
durch knappe Zwischenzusammenfassungen des gesprochenen Inhalts, besonders nach längeren Schilderungen.
Beispiele:
- Sie brauchen Informationen über...
- Der Kunde ist verärgert.
- Wir müssen rasch handeln.

3. Stufe: Interessen und Gefühle verstehen
Was will Ihr Gesprächspartner Ihnen eigentlich sagen? Worauf kommt es ihm an? Was ist die unausgesprochene Botschaft? In dieser Form des aktiven Zuhörens sagen Sie Ihren Eindruck zu diesen Seiten der Nachricht. Und weil Sie hier auf Ihr Gespür angewiesen sind und ein wenig vermuten, was der andere meint, am besten mit einem gesprochenen Fragezeichen am Satzende, z.B.:
- Sie wollen sich hier engagieren?
- Sie sind enttäuscht, dass Ihr Vorschlag nicht angenommen wurde?
- Sie freuen sich über die Anerkennung?

Das Prinzip „Fragen statt sagen"

Dieses Coaching-Element haben Sie in den Beispielen zu Beginn erlebt. Es ist zentraler Bestandteil von Coaching. Eine Lösung, die man selbst findet, hat die höchste Umsetzungswahrscheinlichkeit: Das, wozu wir uns selbst entschieden haben, wollen wir auch realisieren.

Das hat außerdem den größten Lerneffekt. Dadurch, dass eine Lösung nicht angeboten oder vorgegeben, sondern durch Überlegen und Abwägen erarbeitet wird, prägt sich nicht nur die (Einzelfall-) Entscheidung, sondern auch das Lösungsschema ein. Eine wichtige Voraussetzung, damit jemand bei künftigen Fällen das Prinzip erkennen und anwenden kann: Der Mitarbeiter stellt sich die zentralen Fragen selbst, entscheidet und handelt selbständig verantwortlich.

Ein nützlicher Nebeneffekt: Durch die gezielten Fragen erhalten Sie als Vorgesetzter wesentliche Informationen. Sie können die Gesamtsituation und Zusammenhänge besser einschätzen und so zu einer punktgenauen Entscheidung verhelfen.

Welche Fragen sind geeignet?

Die beiden Hauptfragearten sind:

Offene Fragen
Dies sind gesprächsöffnende Fragen, also solche, die ein Gespräch in Gang halten oder voranbringen. In der Regel Fragen, die mit einem Fragewort wie: wer, wie, wo, was... eingeleitet werden. Wichtiger als das Fragewort ist aber die voraussichtliche Reaktion: Offene Fragen sind nicht mit einem Wort oder einer Zahl oder Ja / Nein zu beantworten. Sie erfordern eine Antwort in einem oder mehreren ganzen Sätzen.

Geschlossene Fragen
Sie verlangen, im Gegensatz zu den offenen Fragen, nach einer Anwort in Form eines Wortes, einer Zahl, einem Ja oder Nein. Sie helfen, Dinge auf den Punkt zu bringen.

Wann ist welche Frageart im Coaching sinnvoll?

Hilfreich sind:

Offene Fragen,
um Informationen zu erhalten – zu Beginn und im Mittelteil des Gesprächs, z.B.:
- Wie ist... ?
- Wer hat was... ?
- Was können wir... ?
- Wozu sollte... ?
- In welchem Zusammenhang steht... ?
- Welches Risiko hat... ?

Geschlossene Fragen,
um Dinge auf den Punkt zu bringen, also eher zum Abschluss des Prozesses oder zum Abschluss eines Zwischenteils, z.B.:.

- Machen wir es so?
- Wie hoch sind die Kosten?
- Bis wann...?

Fragen, die Sie besser nicht stellen

Suggestivfragen und rhetorische Fragen
„Meinen Sie nicht auch..." ist eine deutliche Form einer solchen Frage. Subtilere Formen sind z.B.:

- Könnte es nicht sein, dass... ?
- Haben Sie schon einmal darüber nachgedacht... ?
- Wie würden Sie sich wohl fühlen, wenn jemand versucht... ?
- Ist es besser, den Kunden zu verlieren oder Fünfe gerade sein zu lassen?

Suggestivfragen führen in der Regel zum Widerstand. Besser: Wenn Sie das Fragen beenden und einen Vorschlag machen wollen, machen Sie es deutlich – mehr dazu im 7. Abschnitt dieses Teils: Wann sind Ratschläge sinnvoll?

Alternativfragen, wenn sie in die Enge treiben
z.B.:

- Möchten Sie A oder B?
- Sind Sie für oder gegen...?
- Rufen Sie heute oder morgen an?

Die Gefahr ist groß, dass unter dem Entscheidungsdruck, den solche Fragen auslösen können, bessere Alternativen gar nicht mehr zur Sprache kommen, etwas übersehen wird, oder dass der Gefragte eine Entscheidung trifft, hinter der er nicht wirklich steht.

Besser: Betrachten Sie beide Seiten in Ruhe: Was spricht für (gegen) A, was spricht für (gegen) B? Lassen Sie den Mitarbeiter abwägen und bewusst entscheiden. Mehr darüber erfahren Sie im 6. Teil des Buches: „Coaching als Prozess".

Warum-Fragen, wenn sie zur Rechtfertigung animieren

z.B.:

- Warum haben Sie (nicht)...?
- Warum wollen Sie (nicht)...?
- Wieso sind Sie (nicht)...?

Solche Fragen lenken den Blick in die Vergangenheit, provozieren Begründungen und Rechtfertigungen, im schlechtesten Fall können sie das gesamte Coaching zum Kippen bringen, weil das Vertrauen in die Kompetenz des Mitarbeiters in Frage gestellt wird.

Besser sind Fragen, die in die Zukunft gerichtet sind

z.B.:

- Was ist Ihr Interesse?
- Was wollen Sie erreichen?

Wenn die Entstehungsgeschichte wichtig ist, stellen Sie dazu Fragen, die sich ausschließlich auf die Situation (und nicht auf die Person) beziehen, z.B.: Wie kam es, dass... ?

Rückmeldung als Coaching-Element

Waren Sie überrascht, als Sie Ihre Stimme zum ersten Mal auf einem Tonband oder dem Anrufbeantworter hörten? Nicht nur organisch ist unsere Fähigkeit, uns selbst wahrzunehmen, begrenzt. Auch im Verhalten kommt es vor, dass etwas anders „ankommt“, als es gewollt ist. So kann sich zum Beispiel jemand als engagiert wahrnehmen, den Sie als übereifrig empfinden, der Sorgfältige erscheint im Einzelfall als wenig flexibel und die schnell Arbeitende bisweilen als unbedacht handelnd. Häufig sind diese unterschiedlichen Bewertungen nicht transparent. Rückmeldung hilft, die Erwartung anderer und die Wirkung auf andere zu erfahren.

Hilfreiche kritische Rückmeldung darf vor allem eines nicht: verletzend sein. Eigenschaftsetiketten („Sie sind...“) helfen nicht weiter, sie provozieren im besten Fall Widerspruch, im schlimmsten Fall demotivieren sie.

Wenn Sie Rückmeldung geben,

- machen Sie deutlich, dass Sie von Ihrem (subjektiven) Eindruck sprechen
- beziehen Sie sich auf eine oder mehrere konkrete Situationen (sprechen Sie nicht von „immer“ oder „nie“)
- beschreiben Sie, was Sie gesehen oder gehört haben
- verzichten Sie auf Eigenschaftswörter, wenn sie nicht zum Verständnis erforderlich sind.

Beispiel:

- Mir ist aufgefallen, dass Sie die Bestellung von Firma Schweigger erst nach einer Woche erledigt haben. Ich habe den Eindruck, dass Sie Schwierigkeiten haben, die Arbeit zu organisieren, wenn's hoch hergeht.

Statt zu interpretieren, können Sie nach Gründen fragen, z.B.: In der letzten Woche sind Sie drei Mal zu spät zu Terminen gekommen – woran liegt es? Nun haben wir die zweite Beschwerde, weil etwas fehlerhaft geliefert wurde. Gibt's da Zusammenhänge?

Anerkennende Rückmeldung

Häufig bewirkt eine positive Rückmeldung jedoch viel mehr als eine kritische. Es ist mindestens so wichtig zu loben, sich vielleicht auch zu bedanken, als zu kritisieren. Nutzen Sie Anerkennung bewusst, um das zu bestärken und damit zu verstärken, was Sie an Ihren Mitarbeitern schätzen. Loben Sie nicht nur das Außergewöhnliche, sondern das, was täglich gut erledigt wird; erkennen Sie auch die Kleinigkeiten im tagtäglichen Arbeiten, die so wichtig sind, damit große Leistungen überhaupt entstehen können.

Mitunter versteckt sich hinter dem Klagen über viel Arbeit auch der Wunsch nach Anerkennung. Oder hinter dem Schimpfen auf unfreundliche Kollegen der Wunsch nach einer Rückmeldung über die eigene gleichbleibende Freundlichkeit. Bisweilen sind – vor allem junge – Mitarbeiter noch unsicher, was sie gut machen und was nicht. Hier ist eine positive Rückmeldung besonders wichtig, um deutlich zu machen, welche Verhaltensweisen Sie schätzen.

Beim Loben ist Ehrlichkeit und Angemessenheit genauso wichtig wie beim Kritisieren. Ein flaches, oberflächlich dahingesagtes

„Danke" bewirkt wenig, das Loben von etwas, das Ihr Mitarbeiter als selbstverständlich empfindet, kann sogar unglaubwürdig machen. Die Regeln für Rückmeldung gelten für beide Elemente: Anerkennung und Kritik.

Beispiele:

- Danke, dass Sie das so gut recherchiert haben. Das macht uns die Entscheidung leichter.
- Sie haben sich viel Mühe gegeben, die Ausarbeitung ist wirklich gut.
- Ihre Präsentation gestern war absolut überzeugend. Mir hat besonders gefallen, wie souverän Sie mit den Einwänden umgegangen sind.

Wann sind Ratschläge sinnvoll?

Der zentrale Gedanke von Coaching ist, dass der Mitarbeiter selbst Lösungen erarbeitet. Daher sollten Sie mit Ratschlägen so sparsam wie möglich umgehen. „Ratschläge sind auch Schläge" ist eine alte Beraterweisheit. Dennoch kann es Situationen geben, in denen Tipps sinnvoll sind, z.B.:

- Sie erkennen eine Lücke im Fachwissen Ihres Mitarbeiters; ihm fehlen Kenntnisse, um entscheiden zu können.
- Sie haben Expertenwissen, das Ihr Mitarbeiter nicht haben kann.
- Ihr Mitarbeiter ist in seinen Gedanken verfangen, er dreht sich im Kreis oder sieht vor lauter Bäumen den Wald nicht.
- Sie erkennen im Gespräch, dass Coaching nicht der geeignete Ansatz war, z.B. weil die Einarbeitung noch nicht vollständig abgeschlossen ist.

Ein Vorgesetzter, der Ratschläge gibt, wechselt die Rolle vom Coach zum Experten, Berater oder Vorgesetzten. Es trägt deshalb zur Klarheit bei, auch für folgende Coaching-Gespräche, diesen Rollenwechsel deutlich zu machen. Kündigen Sie in dieser Situation an, dass jetzt etwas anderes geschieht, besser noch: Fragen Sie Ihren Mitarbeiter, ob er die Lage auch so einschätzt, dass er jetzt Hilfe möchte, z.B.:

- Möchten Sie einen Tipp von mir?
- Hätten Sie gerne meinen Rat?

- Interessiert Sie, was ich in einem ähnlichen Fall getan habe?

Häufig ist es nicht erforderlich, den gesamten Vorgang zu erläutern oder die Lösung zu liefern. Oft genügt ein Stichwort, eine Idee, um den Gedanken einen neuen Weg zu eröffnen.

Ein Wechsel vom Coaching zur fachlichen Beratung kann auch vom Mitarbeiter gewollt sein („Sagen Sie mir doch, was ich tun soll..."). In diesem Fall empfiehlt sich, das Motiv hinter der Bitte einzuschätzen oder danach zu fragen, z.B.

- Sie wollen meine Entscheidung; denken Sie, Sie können es nicht alleine entscheiden?

Hinter der Bitte um Ratschläge kann wirkliches Nichtwissen stehen. Dann ist es gut, das Coaching um Hilfen anzureichern und die Information zu geben. Wenn der Mitarbeiter es jedoch nur nicht gewohnt ist, sich selbst Gedanken zu machen, kann sich hinter der Frage auch der Wunsch verbergen, auf der bequemen Seite des „Abhängigen" zu bleiben, nach dem Motto: Dafür wird mein Chef bezahlt. In diesem Fall verspielen Ratschläge die Chance, dem Mitarbeiter zu mehr Selbständigkeit zu verhelfen. Dann ist es für den Prozess besser, die Ziele zu nennen, statt die Frage zu beantworten, z.B.:

- Mir ist wichtig, dass Sie in Ihrem Aufgabenbereich selbständig und eigenverantwortlich handeln. Welche Lösung halten Sie für die beste?
- Sie kennen sich bei Ihren Kunden am besten aus. Was, denken Sie, ist der richtige Weg?

Oder nachzufragen:

- Was macht es Ihnen schwer, selbst zu entscheiden?
- Woran hängt es, dass Sie die Entscheidung nicht treffen wollen?

Der Ablauf von Coachinggesprächen

Mit den Elementen: Zuhören, Fragen stellen, Rückmeldung und Ratschläge haben Sie alle Bestandteile eines fachlichen Coachinggesprächs kennengelernt. Wie lassen sich diese Teile in der Praxis am besten miteinander verknüpfen? Und vor allem:

Welche konkreten Fragen sind geeignet, um den Prozess zu fördern?

Coachinggespräche sind von der Sache her sehr individuelle Gespräche. Die Fragen richten sich nach der Ausgangsfrage und dem Ziel. So unterscheiden sich hilfreiche Fragen im Fachcoaching deutlich darin, ob es um das Thema Entscheidungen oder Arbeitsorganisation, oder um die Präsentationsfähigkeit eines Mitarbeiters geht.

Fragebeispiele

Die Übersicht der Fragebeispiele zum Aufgabencoaching ist ein Hilfsmittel, das Ihnen einen Orientierungsrahmen für grundsätzlich geeignete Fragen gibt. Dieser Rahmen enthält fünf Oberbegriffe: Fragen

- zum Einstieg,
- zur Situation,
- zu den Beteiligten,
- zu Zugangsmöglichkeiten und
- zum Abschluss.

In der Regel ist es gut, jedes dieser fünf Fragefelder anzusprechen – zumindest kurz. Auch bei einem Thema, das zunächst so klingt, als ob z.B. weitere Beteiligte nicht vorkommen, kann sich herausstellen, dass gerade sie, weil sie bislang nicht beachtet wurden, der „springende Punkt" sind.

Die einzelnen Fragen sind Anhaltspunkte, die Sie im Einzelfall variieren, auskleiden oder auch weglassen, weil sie sich für diese Themenstellung als nicht erforderlich herausstellen.

Situationsklärung

Die Fragen zur Situationsklärung haben im Fachcoaching eine besondere Bedeutung. Fragen Sie so lange nach, bis Sie sich alle Einzelheiten vorstellen können, bis Sie den Eindruck haben, den Gesamtzusammenhang zu verstehen. Dies gilt zum Beispiel für Eigenschaften: Was heißt „unsicher", wenn jemand sich als unsicher beschreibt: in welchen Fragen, in welchen Fällen, bei welchen Personen? Wie wirkt sich Unsicherheit aus? Wer bemerkt die Unsicherheit? Woran? Woran merkt der Betroffene es selbst? Und: In welchen Situationen würde er sich als nicht unsicher beschreiben? Was ist dann anders?

Ein weiteres Beispiel: Was heißt überlastet? Wie wirkt sich die Überlastung aus? Was geschieht bei Überlastung? Welche Faktoren spielen eine Rolle? In welchen konkreten Situationen fühlt er sich überlastet? Welche Gemeinsamkeiten haben diese Situationen? Was ist anders, wenn er ausgeglichen ist?

Weitere Gesprächselemente
Die anderen Elemente sind bewusst nicht in das Frageschema aufgenommen. Aktives Zuhören und Rückmeldungen können, je nach Gesprächsverlauf, in jeder Phase des Gesprächs hilfreich sein und sind daher situativ einzusetzen; Tipps und Hilfen hingegen nur, wenn sie erforderlich sind.

Fragebeispiele zum Fachcoaching

In der folgenden Übersicht finden Sie Fragebeispiele für jeden Oberbegriff. Sie ist als Kopiervorlage im 7. Teil des Buches zusammengefasst, darin können Sie in der Gesprächsvorbereitung individuelle Fragen, die Ihnen wichtig scheinen, für jedes Coaching ergänzen.

Inhalt	**Beispiele**
Zum Einstieg	– Worum geht es? – Was kann ich für Sie tun? – Was ist unser Thema?
Zur Situation	– Wie ist die Situation genau? (Genau nachfragen, Eigenschaften und deren Auswirkungen hinterfragen: Wann ist es so, wann ist es nicht so, was ist dann anders?) – Was haben Sie bereits herausgefunden? Bzw. bei Fähigkeiten: Was davon können Sie schon (gut)?
Zu den Beteiligten	– Wer ist beteiligt? – Wer hat welches Interesse? – Was ist Ihr Interesse, was möchten Sie erreichen?
Zum Zugang	– Welche Rahmenbedingungen (Regeln, Grenzen) müssen wir beachten? – Was darf auf keinen Fall geschehen?

- Welche Spielräume gibt es, wo sind wir flexibel?
- Welche Informationen fehlen Ihnen, was müssten Sie (noch) wissen, um entscheiden zu können?
- Wie können Sie weitere Informationen erhalten? Bzw. bei Fähigkeiten: Was möchten Sie besser können?
- Wie könnten Sie das lernen?
- Kam etwas Ähnliches schon vor? Wie sind Sie da vorgegangen?
- Wie gehen andere (Kollegen, Dritte) in solchen Situationen vor?

Zum Abschluss
- Machen wir es so?
- Wie verbleiben wir?
- Wann treffen wir uns wieder?
- Wie zufrieden sind Sie mit diesem Gespräch?

Im letzten Abschnitt dieses Teils finden Sie Beispiele, wie diese Fragen in konkreten Coachingfällen angewandt werden können (S.41ff: „Fachcoaching in der Praxis").

Prozess, Kontrolle und Abschluss

In diesem Buch finden Sie zahlreiche Beispiele, die ein einzelnes Gespräch beschreiben, eine konkrete Situation – weil sich daran die Inhalte am besten verdeutlichen lassen. In der Praxis ist Coaching jedoch in der Regel kein einzelnes, isoliertes Gespräch, sondern ein Prozess. Dieser Prozess besteht aus mehreren Gesprächen, dazwischen befinden sich Phasen des Anwendens und Umsetzens. Ein Beispiel hierzu finden Sie im 6. Teil: Coaching als Prozess.

Im Coaching ist es deshalb bei den einzelnen Gesprächen wichtig, den gesamten Prozess im Auge zu behalten. Dazu gehören:
- Rückmeldung über das Coaching
- Verabredungen über das weitere Vorgehen und Zwischenkontrollen

- ggf. zu Beginn des nächsten Gesprächs: Zwischenbilanzen
- der Abschluss des Prozesses.

Rückmeldung über das Coaching

Wenn Sie coachen, ist Ihr Ziel, dem Mitarbeiter zu einem Gewinn zu verhelfen, einem Gewinn an Qualität, Leistung, Arbeitszufriedenheit oder was immer Sie erreichen wollen. Wie nahe sind Sie diesem Ziel? Ist das, was Sie tun, auch aus Sicht Ihres Mitarbeiters hilfreich? Sind Sie auf dem richtigen Weg? Diese Fragen sind wichtig, damit Sie die Qualität Ihres Coachings verfolgen können, denn Coaching ist auch eine Investition. Lohnt sie sich?

Darüber hinaus verhilft Ihnen die Rückmeldung Ihres Mitarbeiters, einzuschätzen, wie weit Sie auf dem Weg vorangeschritten sind; ganz nebenbei ist die Frage danach, wie Ihr Mitarbeiter Ihre Beratung bewertet, ein Vertrauensbeweis, sie stärkt die Vertrauensgrundlage, die für jedes Coaching unerlässlich ist.

Die Formulierung der Frage ist weniger entscheidend, sie ergibt sich aus dem Thema und der Art, wie Vorgesetzter und Mitarbeiter miteinander sprechen. Wichtig ist nur, dass sie gestellt – und ehrlich beantwortet wird.

Einige Beispiele:

- Wie haben Sie dieses Gespräch erlebt?
- War dieses Gespräch für Sie hilfreich?
- Sind wir auf dem richtigen Weg?

Konkreter:

- Wenn wir uns das nächste Mal darüber unterhalten, was sollte anders sein?
- Was in diesem Gespräch war für Sie nützlich; gab es etwas, das Sie gestört hat?

Verabredungen über das weitere Vorgehen und Zwischenkontrollen

Wie geht es nach diesem Gespräch weiter? Wer macht was? Bis wann? Wann findet das nächste Gespräch statt? Was soll bis dahin geschehen?

Klären Sie zum Abschluss jedes einzelnen Coachinggesprächs, wie es weitergeht. Stellen Sie sicher, dass Sie, falls es entscheidende Schnittstellen gibt, rechtzeitig informiert sind. Bleiben Sie im Kontakt.

Zwischenbilanz

Jedes Folgegespräch beginnt mit einem Rückblick:

- Was hat sich seit dem letzten Gespräch verändert?
- Was haben Sie inzwischen erreicht?
- Was ist noch offen?
- Was fassen wir heute ins Auge?

Diese Zwischenbilanz gibt daher auch das Thema des neuen Gesprächs vor.

Der Abschluss des Prozesses

Auch das schönste Coaching geht zu Ende. In manchen Prozessen droht die Gefahr, dass Coach und Coachee (= der Gecoachte) so sehr Gefallen an den regelmäßigen Gesprächen finden, dass der Prozess in ein Dauercoaching ausartet. Um das zu vermeiden, hilft es, die Ziele zu Beginn, spätestens im Verlauf, konkret festzulegen.; d.h. auch, zu vereinbaren, wann die Ziele erreicht und das Coaching abgeschlossen sind: Wer merkt woran, dass das Ziel erreicht ist?

Häufig erklärt (mehr oder weniger direkt) der Mitarbeiter den Prozess für beendet, z.B. durch ein „Danke, ich komme jetzt klar". Sehen Sie das anders? Dann ist jetzt (wieder) die Phase der Rückmeldung gefragt. Sind Ihre Ziele damit auch erreicht? Dann ist – für dieses Thema bei diesem Mitarbeiter – Schluss.

Fachcoaching in der Praxis – weitere Fälle

Alles theoretisch Wichtige zum Fachcoaching haben Sie in den letzten Abschnitten erfahren. In den folgenden Teilen geht es um neue Themenstellungen: einen Exkurs über den Systemischen

Ansatz und das Beziehungscoaching. Das Weiterlesen, bevor Sie Ihr erstes Coachinggespräch führen, empfiehlt sich vor allem dann, wenn Sie an das Coaching eines Mitarbeiters denken, in dem es nicht (nur) um Fach- oder Methodenkompetenz, sondern auch um Fähigkeiten im Bereich der Sozial- oder Individualkompetenz geht (siehe „Fachcoaching und Beziehungscoaching" im 1. Teil).

Oder Sie wollen Coaching als Methode direkt anwenden? Dann sollten Sie vorher überlegen, mit welchem Mitarbeiter, mit welcher Mitarbeiterin Sie beginnen möchten (siehe „Wen coachen?" im 2. Abschnitt dieses Teils). Checklisten zum Coaching finden Sie im letzten Teil.

Wenn Sie jedoch zunächst noch präziser wissen wollen, wie Gespräche zum Fachcoaching in der Praxis tatsächlich verlaufen, lesen Sie hier weiter: Es folgen Gesprächsdokumentationen zu verschiedenen Anlässen. Die Beispiele entsprechen vom Gesprächsverlauf her realen Coachings, die wir Autoren als Berater geführt oder die wir in Seminaren nachgespielt haben. Dabei haben wir natürlich die Situation so verändert, dass keine Rückschlüsse auf die real handelnden Personen möglich sind. Auch die Namen sind frei erfunden.

Die Verkäuferschulung

Peter Seeler, 26, hat gestern seine erste Schulungsmaßnahme durchgeführt. Als Fachreferent für ein neues Produkt schulte er erfahrene Verkäufer. Frau Aibling, seine Vorgesetzte, hat ihn zu sich gebeten, um zu hören, wie die Schulung aus seiner Sicht verlaufen ist.

A.:
Herr Seeler, schön, Sie zu sehen. Wie ist es denn gestern gelaufen?

S.:
Oh, Frau Aibling, solche Schulungen will ich nie wieder machen.

A.:
Oh je, das klingt ja wenig verheißungsvoll, Herr Seeler. Was ist denn passiert?

S.:
Ich hatte mich gut vorbereitet. Ich hatte Folien und Muster und

dachte, das geht sicher ganz glatt. Dann fingen diese großkopferten Verkäufer gleich an, durcheinander zu reden. Und einer hat gesagt, das wäre alles ein alter Hut, dann haben die sich untereinander unterhalten. Einer hat dann gesagt, er geht lieber zu Kunden, hier würde er doch nichts Neues erfahren. Irgendwie hab´ ich es dann zu Ende gebracht. Aber es war schrecklich.

A.:
Herr Seeler, haben Sie Lust, dass wir zwei das Ganze mal genauer aufrollen und Überlegungen anstellen, was Sie beim nächsten Mal besser machen könnten?

S.:
Muss ich das noch mal machen?

A.:
Ich fürchte, ja, Herr Seeler. Denn Sie sind fachlich ein ausgezeichneter Mitarbeiter, und ich muss die fachlich Besten zu unseren Verkäufern schicken. Und das andere, das, glaub´ ich, kriegen wir hin.

S.:
Ja, wenn Sie meinen.

A.:
Also, das heißt, dass wir am Ende unseres Gesprächs ein paar Ideen haben sollten, wie Sie Schulungen künftig besser gestalten könnten, damit sie erfolgreich verlaufen. Jetzt erzählen Sie mir doch mal ganz genau, wie alles angefangen hat.

S.:
Das ging schon damit los, dass nur 15 da waren. Die anderen kamen dann noch in der ersten Viertelstunde, der letzte mit 20 Minuten Verspätung.

A.:
Das fängt ja schon gut an. Wie kam denn das, dass die so unterschiedlich gekommen sind? Lag das am Thema oder am Termin, oder was vermuten Sie?

S.:
Also, ich glaube, die erfahrenen Verkäufer hat das Thema nicht interessiert, die können sich die Neuerungen selbst vorstellen. Ich weiß nicht, ob die kommen mussten oder ob sie mal wieder zum

Essen eingeladen werden wollten. Jedenfalls haben die, zumindest ein Teil, viel zu viel gewusst.

A.:
Wenn ich Sie richtig verstehe, hatten Sie Leute mit sehr unterschiedlichem Informationsstand, und sie waren auch sehr unterschiedlich motiviert, an der Veranstaltung teilzunehmen.

S.:
Genau so war es. Und dann habe ich versucht, einfach anzufangen und habe meinen Vortrag gehalten, und dann kamen auch gleich die Zwischenfragen.

A.:
Und die waren wenig wohlwollend?

S.:
Ja, genau. Da fragt mich doch einer, was denn eigentlich neu wäre, außer der Verpackung. Und dabei war ich noch mitten am Anfang.

A.:
Aha. Und wie haben Sie dann reagiert?

S.:
Ich habe halt gesagt, das käme noch. Und ich würde wie vorgesehen weitermachen.

A.:
Was passierte noch?

S.:
Ich habe meinen Vortrag dann weiter gehalten, und dann fingen die ersten an, sich untereinander zu unterhalten. Erst habe ich so getan, als stört es mich nicht, aber dann haben immer mehr angefangen zu reden. Ich weiß gar nicht, ob die mich zum Schluss noch verstanden haben. Dann ist einer raus und hat gesagt, er geht jetzt eine Zigarette rauchen.

A.:
Da ist Ihnen ja auch gar nichts erspart geblieben. Wie ging es dann weiter?

S.:
Na, dann dachte ich, es ist sowieso Zeit für eine Pause. Und nach

der Pause sind nicht mehr alle gekommen. Den anderen habe ich dann gesagt, dass ich jetzt schon möchte, dass sie mir zuhören.

A.:
Hmm, wie war dann der zweite Teil?

S.:
Ach, der war dann besser. Die, die geblieben sind, haben auch zugehört. Aber wohlgefühlt habe ich mich nicht. Naja, und dann war es, Gott sei Dank, irgendwann zu Ende.

A.:
Haben die Teilnehmer die Schulung irgendwie kommentiert?

S.:
Was ich nett fand: Der Müller hat mir zum Abschied auf die Schulter geklopft und gesagt: Nur Mut, es wird schon.

A.:
Aha. Was ging Ihnen denn nach der Schulung, bei der Nach-Hause-Fahrt, durch den Kopf?

S.:
Ich war patschnass geschwitzt. Und ich habe gedacht: Irgendwie muss man das ganz anders machen.

A.:
Ja, was haben Sie denn für Ideen, wie man es anders machen könnte?

S.:
Erst mal darf man nicht die einladen, die ähnliche Produkte schon seit zwanzig Jahren verkaufen, sondern nur die, die wirklich noch etwas lernen wollen. Und am besten würde jemand solche Schulungen halten, der Rhetorik gelernt hat.

A.:
Das sind schon zwei Sachen: Das eine betrifft die Teilnehmer, die ausgewählt werden, das andere Ihre eigenen Fähigkeiten – so verstehe ich das mit der Rhetorik. Heißt das, Sie würden gerne einmal so ein Training besuchen?

S.:
Ich weiß nicht, ich glaube, so was liegt mir einfach nicht. Ich bin ein Fachmann. Mich kann jeder um Rat fragen. Aber dass ich da

zwanzig Leuten eine begeisternde Schulung halte, ich glaube, das ist nichts für mich.

A.:
Dann sollten wir das auch nicht machen. Aber vielleicht ist es hilfreich, dass Sie ein, zwei Dinge draufhaben, was Sie tun können, wenn solche Störungen stattfinden.
Zum Beispiel, wenn die ersten Leute unruhig werden oder gar den Raum verlassen. Was könnten Sie denn in einer solchen Situation tun?

S.:
Wissen Sie, ich möchte nicht, dass mir so etwas noch einmal passiert, dass Leute rausgehen.

A.:
Wie haben Sie es denn geschafft, dass die rausgehen?

S.:
Na, das ist ja eine Frage... (überlegt) Wenn ich ganz ehrlich bin, glaube ich, ich habe es nicht so interessant erzählt.
Ich bin halt nach der Gebrauchsanweisung vorgegangen, jeden Abschnitt, nacheinander.
Vielleicht hätte ich gleich am Anfang mehr Beispiele bringen sollen. Und einer hat gesagt, die Folie hätte man auch nicht lesen können.

A.:
Ah, jetzt kann ich mir gut vorstellen, wie das abgelaufen ist.
Die Teilnehmer sind ungeduldig geworden, weil sie sich gelangweilt haben. Die haben selber eine Show veranstaltet, weil Sie keine veranstaltet haben?

S.:
(nickt.)

A.:
Das heißt, wenn Sie so etwas vermeiden wollen, müssen Sie ein bisschen Show machen. Da finde ich die Idee gut, mehr Beispiele zu bringen und die Folien interessanter zu machen. Fällt Ihnen denn noch etwas ein?

S.:
Show, sagen Sie...

A.:
Nein, Sie sollen nicht Entertainer sein.
Ich finde nur wichtig, dass Sie für die Unterhaltung sorgen, und nicht die Teilnehmer.

S.:
Ich habe schon verstanden. Ich habe nur überlegt, wie ich das machen könnte, den fachlichen Inhalt rüberbringen und trotzdem, wie Sie sagen, Show machen...
(Denkt nach.)

A.:
Haben Sie denn schon mal eine Schulung oder eine Präsentation oder einen Vortrag gehalten?

S.:
Hier noch nie. Nur privat, zur Hochzeit meiner Schwester.
Da habe ich eine Rede gehalten, die fanden alle super.

A.:
Und warum fanden die alle super?

S.:
Ha, da kann man auch Spaß machen, da habe ich Erlebnisse reingebracht, zum Beispiel, wie der Franz sich sturz-betrinken musste, um meine Schwester anzusprechen... Geschichten, die alle kannten, das war ein Riesen-Lacherfolg.
(Richtet sich im Stuhl auf, lacht beim Erzählen.)

A.:
Könnten Sie solche Erlebnisse in Ihre Schulungen mit einbauen?

S.:
Meinen Sie, das könnte man machen? Schulung ist doch etwas Ernstes.

A.:
Ja, klar kann man das machen.
Wenn die Leute Storys und Geschichten hören, dann merken Sie es sich auch viel besser als nach der Gebrauchsanweisung.

S.:
Meinen Sie, da könnte man auch mal einen Witz machen?

A.:
Ja selbstverständlich. Und es ist besser, Sie machen den Witz, als die Teilnehmer machen welche.

S.:
Ja, da fällt mir was ein (strahlt).

A.:
Also, da haben wir ja einiges. Ich fasse mal zusammen: Beim nächsten Mal laden wir nur die ein, die wirklich interessiert sind, Sie machen deutliche Folien und verwenden viele Beispiele und bauen Storys in den Vortrag ein. Das ist doch schon etwas.

S.:
Ja, ich glaube, da fällt mir einiges ein, was ich anders machen kann. Jetzt habe ich noch eine Frage an Sie: Wenn dann doch wieder jemand rausgeht, was würden Sie dann machen?

A.:
Aus meiner Sicht sind zwei Dinge wichtig: Zu Anfang die Leute fragen, was sie interessiert, und zum anderen: es gar nicht so weit kommen lassen. Sie bemerken Unruhe, bevor jemand rausgeht. Je früher Sie diese Unruhe ansprechen und sagen: „Leute, was ist denn los, erzähle ich etwas Falsches?“, desto mehr haben Sie die Chance, die Kurve wieder zu kriegen.

S.:
(nickt.)

A.:
Also, Herr Seeler, Sie gucken ja jetzt auch wieder deutlich entspannter als vorher. Deswegen mein Vorschlag: In drei Wochen haben wir eine ähnliche Schulung. Ich möchte Ihnen gerne diese Aufgabe übertragen. Sind Sie damit einverstanden?

S.:
Also gut, probieren wir es noch mal. (Lacht.)

Die „vorlaute“ Auszubildende

Dieser Fall stimmt schon ein wenig auf das Thema „Beziehungscoaching“ ein. Inhaltlich geht es um das Lernverhalten und die Selbständigkeit einer Auszubildenden, ihre Methodenkompetenz, also: Fachcoaching. Hier sucht jedoch nicht die Lernende, sondern ihr Ausbilder um Rat. Dabei geht es auch um die Frage seines Anteils an der Situation – die Brücke zum Beziehungscoaching.

Das Gespräch findet zwischen dem Ausbilder Daniel Schempp und der Zentralen Ausbildungsleiterin Barbara Hennig statt. Herr Schempp leitet eine Gruppe mit acht Auszubildenden. Herr Schempp kommt unangemeldet.

S.:
Frau Hennig, ich möchte ein bisschen Beratung.

H.:
(Nickt und setzt sich mit ihm an den Besprechungstisch.)

S.:
Beratung zu einer Auszubildenden, der Erika. Ich weiß nicht, wie ich mich da verhalten soll. Sie hat die Mittlere Reife, ist 18 Jahre alt und am Beginn des 2. Lehrjahres. Bei mir ist sie seit vier Wochen, und mir fällt auf, dass sie unheimlich schnelle Fragen stellt. Kaum habe ich den Mund zugemacht und etwas erklärt, dann meldet sie sich und sagt: „Können Sie mir das nochmal erklären, das habe ich nicht verstanden.“ Und das zieht sich durch. Ich habe auch mit den anderen Ausbildern, bei denen sie war, gesprochen, und denen ist dasselbe aufgefallen. Und ich habe auch schon mit ihr gesprochen und gesagt, dass sie nicht so...

H:.
Halt, Herr Schempp, jetzt brauche ich etwas Zeit, damit ich Ihnen folgen kann. Lassen Sie mich zuerst fragen: Ist das Ziel unseres Gespräches, für Sie Tipps zu finden, wie Sie mit der Erika besser umgehen können?

Kommentar:
Lieber unhöflich als unpräzise. Auch wenn das Herz auf der Zunge übersprudelt, ohne Struktur verliert ein Coach schnell den Überblick.

S.:
Ja, wenn Sie dazu ein paar Tipps hätten, das fände ich gut. Vielleicht sollten Sie auch mit ihr sprechen, so geht es jedenfalls nicht weiter, sie bringt mir die gesamte Gruppe durcheinander.

H.:
Gut, dann lassen Sie uns noch mal einen Blick auf die Situation

werfen. Sie haben ja schon viel erzählt: Erika stellt schnell Fragen, und sobald Sie etwas erklären, sagt sie gleich, dass sie es genauer wissen möchte.

S.:
(Nickt.)

H.:
Was fällt Ihnen an Erikas Verhalten noch auf?

S.:
Dass ihre Fragen zum Teil einfach blöde sind.

H.:
Was ist für Sie so eine „blöde“ Frage?

S.:
Sie fragt einfache Sachen, Dinge, die wir schon früher behandelt haben und die nicht in unmittelbarem Zusammenhang mit dem stehen, was wir eben besprochen haben.
Es ist, als ob ihr irgendetwas durch den Kopf schießt, und dann stellt sie eine Beziehung zwischen den beiden Sachverhalten her und fragt danach.
Diese Fragen sind dann für das Thema, um das es eigentlich geht, völlig nebensächlich.

H.:
Erika ist seit vier Wochen bei Ihnen. Hat sie von Anfang an so viel gefragt?

S.:
Ja, vom ersten Tag an. Und wie gesagt: Auch in den früheren Stationen war es genauso.

H.:
Gibt es auch Situationen, in denen es anders ist, in denen Erika einfach nur zuhört und versteht?

S.:
Nein, die gibt es nicht. Sie begründet manchmal aber, warum sie so viel fragt. Da sagt sie: „Weil ich es sonst nicht verstehe. Ich kann sonst nicht weiterarbeiten. Ich muss das wissen.“

H.:
Das heißt, sie ist sehr an ihrem Lernfortschritt interessiert?

S.:
Ja, so kann man es auch sagen. (Zögert.)
Was auffällt: Obwohl sie diese blöden Fragen stellt, schreibt sie gute Tests und gute Prüfungen. Sie müsste eigentlich gar nicht so dumme Fragen stellen.

H.:
Wie reagieren denn die anderen sieben in der Gruppe, wenn Erika Fragen stellt?

S.:
Die sind mäuschenstill. Ich habe das Gefühl, die freuen sich, wenn Erika fragt, weil sie dann nicht selbst fragen müssen. Man sieht ja, wenn man etwas erklärt, wie die gucken. Und da ist bei anderen auch manchmal ein Fragezeichen im Gesicht. Aber als Erste meldet sich immer Erika.

H.:
Leistet Erika der Gruppe mit ihrem Fragen einen Dienst?

S.:
Ja, das glaube ich schon. Aber ich glaube nicht, dass das ihre Absicht ist.

H.:
Wie reagieren Sie auf diese Fragen?

S.:
Manchmal beantworte ich sie gleich, und manchmal melden sich auch andere gleichzeitig, dann nehme ich natürlich die anderen dran. Ich habe auch schon mit ihr gesprochen und ihr gesagt, sie soll erst selbst überlegen, bevor sie fragt. Aber dann sagt sie: „Ich verstehe das sonst nicht, ich kann das sonst nicht lernen und sitze zu Hause und weiß nicht, wie es weitergeht.“

H.:
Tragen Sie mit Ihrem Verhalten dazu bei, dass Erika so viel fragt?

S.:
Nein. Erika ist total spontan; die ist so.

H.:
Mein Eindruck ist, Erika hat für sich viel Nutzen aus ihren Fragen. Sie bekommt die Antworten, die ihr offenbar helfen zu

lernen, und sie tut auch noch etwas für die Gruppe, die dann nicht fragen muss. Gibt es für Erika auch einen Nachteil daraus?

S.:
(Denkt nach.) Mir fällt nichts ein. Dass sie dann hin und wieder von mir ermahnt wird, aber das hatte ja nicht die durchschlagende Wirkung. Sie wirkt dann auch nicht enttäuscht oder verärgert.

H.:
Erika setzt also viel Energie in diese Strategie, und ist damit erfolgreich. Deswegen denke ich, Erika wird wenig Interesse haben, sich zu verändern.

S.:
(Nickt heftig.)

H.:
Ist das ständige Fragen für Sie ein so großes Problem, dass Sie es nicht hinnehmen wollen?

S.:
Ja, das ist ein Problem, weil die Fragen so vorlaut sind und manchmal sogar mit einem aggressiven Unterton und eben: einfach daneben. Das bringt die ganze Systematik durcheinander.

H.:
Sie haben ja schon erzählt, dass Sie einiges probiert haben: mehrere Gespräche und Ermahnungen, es hat nicht gefruchtet.

S.:
Ja, genau.

H.:
Wenn Sie auf die verrückte Idee kämen, Erika sollte noch mehr Fragen stellen, was müssten Sie tun, um das zu erreichen?

S.:
(Überlegt.)
Bei dieser Frage dämmert mir etwas anderes:
Die Situation, wenn die Azubis etwas unter sich erarbeiten, dann fragt sie auch ständig. Sie geht sogar zu Angestellten und stellt Fragen.

Kommentar:
Die Ausbildungsleiterin hatte mit dieser Frage noch einmal absichern wollen, ob es nicht doch eigene Anteile beim Ausbilder gibt, die das Verhalten der Auszubildenden fördern. Er beantwortet stattdessen die (vergessene) Frage nach weiteren Beteiligten. Manchmal gibt es im Coaching die richtigen Anworten auch auf falsche Fragen.

S.:
Erika scheint sich den Lernstoff hauptsächlich über Fragen anzueignen; Fragen zu stellen scheint ihre Lernmethode schlechthin zu sein. Indem sie fragt, lernt sie. Kann das sein?

H.:
Ja, genau so ist das. Sie sagt ja auch, dass sie es fragen muss, um zu Hause weiterzukommen.

S.:
Das klingt so, als ob Erika diese Methode schon lange anwendet. Dass sie schon in der Schule gelernt hat, so zu lernen?

H.:
Ja, das kann ich mir gut vorstellen. Das ist der Grund. Sie ist jemand, der nicht aus Büchern lernt, sondern immer Menschen braucht, die ihr das Ganze erklären. Das passt auch in meine Beobachtung, dass es ihr nicht leichtfällt, Gelerntes auf neue Situationen zu übertragen.

S.:
Das heißt, Erika kann Ihren Wunsch, weniger zu fragen, gar nicht erfüllen, weil sie sonst nicht mehr lernen kann?

H.:
Ja, so gibt das Ganze einen Sinn.

S.:
Dann werden Sie mit Ermahnungen wenig erreichen.

H.:
Ja, das scheint mir jetzt auch so. Aber sie muss lernen, sich zurückzunehmen; sie kann nicht – auch nicht später, wenn sie nicht mehr in der Ausbildung ist – verlangen, dass jeder seine Arbeit unterbricht, um ihr etwas zu erklären, was sie gerade

interessiert. Wenn Ermahnungen, wie Sie sagen, nicht helfen – was dann?

S.:
Könnten Sie ihr helfen, auch alternative Lernstrategien zu entwickeln?

H.:
(Überlegt.)
Ja. Das ist wohl der richtige Weg. Ich glaube, das ist gut. Ich setze mich mit ihr zusammen und übe, wie man Stoffe strukturiert und so aus Büchern lernt; wie man sich Wissen aneignet, ohne andere zu fragen.

S.:
Ja, das halte ich für eine gute Maßnahme. Haben wir es?

H.:
Ja, prima.

Weitere Beispiele zum Fachcoaching finden Sie im Teil 6: „Coaching als Prozess“.

Teil 3

Exkurs über den Systemischen Ansatz

Ein Beispiel: Die „Blaumacherin“

Herr Ulmer (**U**.) ist Gruppenleiter in der Abteilung Rechnungswesen/Finanzen, er hat ein Problem, das er mit seinem Coach (**C**.) besprechen möchte.

U.:
Hast du eine Ahnung, was man mit einer „Blaumacherin“ tun kann?

C.:
Schwierige Frage. Erzähl doch mal den Fall.

U.:
Also, bei uns hat vor 3 Monaten eine neue Mitarbeiterin angefangen. Zuerst schien sie mir sehr motiviert, aber in letzter Zeit lässt sie nach. Sie ist oft krank, viel montags, und ich habe den Verdacht, dass sie krankfeiert.

C.:
Erzähl doch mal ein bisschen über die Frau.

U.:
Sie ist 37 Jahre alt, verheiratet, keine Kinder. Was besonders an

ihr auffällt, ist ihre Kleidung. Sie zieht sich sehr elegant an, sogar ein bisschen extravagant. Das fällt auf, weil alle anderen in der Gruppe sehr leger gekleidet kommen. Ihr Mann wurde versetzt, und da fand sie bei uns eine Stelle.
Ich glaube, sie hält sich für etwas überqualifiziert für unsere Arbeit. Sie sagte, dass die in der alten Firma technisch besser ausgestattet waren und dass sie eine Art Führungsaufgabe übernommen hatte. Sie hat auch, kurz nachdem sie bei uns angefangen hatte, einen Verbesserungsvorschlag gemacht. Der Vorschlag mag vielleicht für ihre alte Firma gepasst haben, aber nicht für uns, daher hat die Gruppe das auch abgelehnt.

C.:
Und wie ging's dann weiter?

U.:
Ich habe zu ihr gesagt, sie sollte nicht gleich mit Revolutionen anfangen, sondern sich in Ruhe ins neue Gebiet einarbeiten. Das hat sie dann auch getan, aber das Klima in der Gruppe wurde mehr und mehr angespannt. Sie kommt morgens, grüßt kaum, setzt sich an ihren Platz und arbeitet.
Mit den Kolleginnen redet sie ganz wenig. Ich habe dann wieder mit ihr gesprochen und ihr erklärt, dass sie mehr auf die Kollegen zugehen sollte. Das klappte auch eine Woche lang, aber dann war wieder der alte Zustand. Sie macht ja auch einen etwas überheblichen Eindruck, so wie sie dasitzt, wie aus dem Ei gepellt, und residiert wie eine Königin, deshalb, vermute ich, wird sie von den anderen geschnitten.

C.:
Wie zeigt sich das?

U.:
Keiner will mit ihr zusammen Telefonbereitschaft machen. Wenn die Gruppe Unterstützung braucht, wird sie nicht angesprochen, und hintenherum machen sich die anderen über sie lustig. „Madame Elle“ wird sie genannt, weil sie so extravagant angezogen ist.

C.:
Was ist denn jetzt dein Ziel für dieses Gespräch? Was möchtest du von mir haben?

U.:
Ich möchte gerne, dass in meiner Gruppe Ruhe herrscht, dass das Klima wieder besser wird. Und – das hatte ich vergessen – dass Frau Vogel ihre Fehlzeiten reduziert.

Hier steigen wir einen Moment aus dem Gespräch aus. Welche Hypothesen haben sich in Ihrem Kopf gebildet, als Sie die Situationsbeschreibung gelesen haben? Die häufigste Erklärung lautet wohl, dass Frau Vogel etwas „komisch“ ist, sich als „etwas Besseres“ vorkommt: Ist ja klar, mit dieser Überheblichkeit kann sie nichts anderes erwarten, als von den Kollegen „gemobbt“ zu werden. Solche Menschen zu verändern ist schwierig. Nach dem Motto: Die ist halt so, und schon so auf die Welt gekommen. Man müsste mit ihr mal ein deutliches Gespräch führen, und wenn das nicht hilft, dann muss man sich eben von ihr trennen. Sie ist ja noch in der Probezeit. Hier wird die Ursache des Verhaltens von Frau Vogel in ihrer Persönlichkeit, ihren Eigenschaften lokalisiert.

Eine zweite Erklärung könnte folgendermaßen lauten: Irgendjemand hat ihr beigebracht, wie man sich in einem Unternehmen kleidet, verhält usw. Mit ihrem Verhalten ist sie in ihrer alten Firma gut gefahren, aber jetzt versagen die Strategien. Bisher ist sie für Verbesserungsvorschläge belohnt worden, jetzt wird sie bestraft. Mit anderen Worten: Sie hat das falsche Modell gelernt. Was man jetzt machen müsste, ist, sie in ein Kommunikationstraining zu schicken, wo sie lernt, wie man mit Kollegen umgeht, vielleicht sogar ein Selbsterfahrungstraining, weil das Verhalten möglicherweise tiefer liegende Ursachen hat. Hier liegt das Reiz-Reaktions-Modell der Behavioristen zu Grunde.

Eine dritte Erklärung, und damit sind wir beim Systemmodell, besagt, dass ihr Verhalten nur denkbar ist, weil sie in dieser Gruppe mit diesen bestimmten Menschen unter diesen Rahmenbedingungen agiert. Die Gruppe und Frau Vogel beeinflussen sich gegenseitig. Die Arroganz von Frau Vogel ist nicht erklärbar ohne das Verhalten der Kolleginnen und des Chefs. Hier hören wir wieder in das Gespräch hinein:

C.:
Also, du hast drei Ziele: erstens Ruhe in der Gruppe, zweitens ein besseres Klima und drittens eine Reduzierung der Fehlzeiten von

Frau Vogel. Wenn wir uns mal die Beteiligten anschauen, dann sehe ich hier die Frau Vogel, dann die Gruppe, deinen Chef und schließlich dich. Fangen wir mit dir an. Warum ist diese Situation ein Problem für dich?

U.:
Der Anlass ist, dass mein Chef mich gefragt hat, was denn in meiner Gruppe los sei. Er habe den Eindruck, dass dort eine Stimmung wie auf dem Wiener Zentralfriedhof sei, und außerdem wundere er sich, warum Frau Vogel so oft fehlt. Also ich muss da was unternehmen, aber nicht nur, weil mein Chef es will, sondern ich fühle mich selbst ja auch ziemlich mies. Ich bin jetzt schon acht Jahre Führungskraft, aber sowas habe ich noch nie erlebt.

C.:
Wenn Frau Vogel hier wäre, wie würde sie die Situation beschreiben?

U.:
Sie würde sagen: Ich bin von der Gegenwart ins Mittelalter geraten. Über die technische Ausstattung kann ich nur lachen. Und mit den Leuten ist auch kein Blumentopf zu gewinnen. Die Kolleginnen sind in ihrer Entwicklung stehengeblieben. Über ein vernünftiges Thema kann man mit ihnen nicht reden, ich hab's ja versucht, aber die unterhalten sich nur über ihre Männer, Fernsehen und Urlaub.

C.:
Wenn man die Kolleginnen fragen würde, wie würden sie die Situation beschreiben?

U.:
Die sagen: Die denkt wohl, sie sei was Besseres. Aber damit kann sie bei uns nicht landen. Die will uns vorschreiben, was wir zu tun haben, das haben schon andere probiert. Wir lassen uns das nicht gefallen. Und da sind wir uns auch alle einig. Jetzt mimt sie auch noch auf krank, und wir müssen ihre ganze Arbeit mitmachen. Wir finden, es wird höchste Zeit, dass unser Chef was unternimmt, die passt einfach nicht zu uns.

C.:
Wie interpretiert dein Chef die Situation?

U.:
Das weiß ich nicht so genau. Er kennt ja die Hintergründe nicht.

Vielleicht würde er sich wundern, warum in meiner Gruppe plötzlich so eine Unruhe herrscht; das kennt er nämlich gar nicht von meiner Gruppe. Und mein Chef mag Unruhe überhaupt nicht. Außerdem hat er die Neue mit ausgesucht, das heißt, er hat sie praktisch durchgesetzt gegenüber einer Älteren, die meiner Ansicht nach besser zu uns gepasst hätte.

C.:
Wer hat denn ein Interesse daran, dass sich etwas verändert? Und wer will den gegenwärtigen Zustand beibehalten?

U.:
Also, ich habe ein massives Interesse, dass sich was tut. Eigentlich müssten alle ein Interesse daran haben, außer vielleicht Frau Vogel. Die Kolleginnen müssen ja ihre ganze Arbeit mitmachen, wenn sie nicht da ist.

C.:
Und wer hat ein Interesse daran, den gegenwärtigen Zustand beizubehalten?

U.:
Eigentlich fällt mir da nur Frau Vogel ein, weil die sich einen schlauen Lenz macht.

C.:
Dann stelle ich die Frage mal anders: Wer hat welchen Nutzen davon, dass die Situation so ist, wie sie ist? Wem nützt es, dass ihr eine Außenseiterin in der Gruppe habt, und was wäre anders, wenn sie plötzlich integriert wäre?

U.:
Ich kann mir nicht vorstellen, dass irgendjemand einen Nutzen davon haben könnte.

C.:
Wie hast du es geschafft, dass Frau Vogel zur Außenseiterin geworden ist? Was ist dein Beitrag dazu?

U.:
Hmm, vielleicht war ich zu hart, als ich ihren Verbesserungsvorschlag abgelehnt habe.

C.:
Und warum warst du so hart?

U.:
Weil der Vorschlag einfach nicht in unsere Welt gepasst hat. Wir hätten einen wichtigen Arbeitsablauf umkrempeln müssen, und das schaffen meine Mitarbeiterinnen nicht. Dazu ist das Qualifikationsniveau nicht hoch genug. Es hätte eine Menge Unruhe gegeben. Und ich hätte das gegen die Gruppe durchsetzen müssen.

C.:
Also hat Frau Vogel Recht, wenn sie sagt, dass mit den Leuten kein Blumentopf zu gewinnen sei.

U.:
Wenn du es so siehst, ja.

C.:
Dein Nutzen ist also, dass du den Frieden mit der Gruppe hast, solange diese Veränderung nicht stattfindet. Welchen Nutzen hat denn die Gruppe, solange Frau Vogels Vorschläge abgelehnt werden?

U.:
Tja, die müssten sich gravierend umstellen. Und davor haben sie eine Riesenangst. Du hast Recht. Diese Frau ist eine große Bedrohung für sie, weil sie sehen, dass sich auch die Welt der Buchhaltung in den letzten Jahren verändert hat, und weil sie befürchten, dass ihnen dasselbe blüht.

C.:
Und welchen Nutzen hat Frau Vogel davon?

U.:
Das weiß ich beim besten Willen nicht, dazu kenne ich sie nicht gut genug. Vielleicht will sie erreichen, dass sie eine andere Stelle bekommt in unserer Abteilung, mit einer höherwertigen Arbeit.

C.:
Was hast du bisher probiert, um die Situation zu bereinigen?

U.:
Ich habe ein ausführliches Gespräch mit Frau Vogel geführt, nachdem sie diesen Verbesserungsvorschlag gemacht hat. Da habe ich sie darauf hingewiesen, dass sie sich zuerst einmal in die Gruppe einleben soll und sich mal etwas zurückhalten soll, bis sie genau weiß, wie der Hase hier läuft. Das hat sie dann auch getan,

aber ist dabei meiner Ansicht nach übers Ziel hinausgeschossen. Sie spricht nämlich praktisch kein Wort mehr mit ihren Kolleginnen. Da habe ich sie mir wieder zur Brust genommen und ihr gesagt, sie solle mehr Kontakt mit den Leuten suchen. Darauf meinte sie, dass sie das schon probiert habe, aber ohne Erfolg.

Hier unterbrechen wir wieder und schauen uns die Struktur des Gespräches an. Der Coach hat sich zuerst die Situation erklären lassen, eine vorläufige Zielsetzung formuliert und das „störende Verhalten“ genau identifiziert. Danach hat er sich alle Beteiligten vorgenommen, deren Sichtweisen eingeholt und nach deren Nutzen aus der momentanen Situation gefragt. Dazu gehörte auch, Herrn Ulmer zu fragen, welchen Beitrag er zu dem Problem geleistet hat.

Bei der Analyse der Sichtweisen hat der Coach mit sogenannten Zirkulären Fragen gearbeitet. Zirkuläre Fragen bedeuten, dass der Coach den Klienten Gedanken und Gefühle zu bestimmten Ereignissen aus der Sicht eines (nicht) anwesenden Dritten äußern lässt. Zirkuläre Fragen sind ein besonders wichtiges Hilfsmittel für das Beziehungscoaching, weil sie die Kommunikationsstrukturen deutlich machen. Der Ratsuchende wird dadurch gezwungen, eine andere Sichtweise einzunehmen, was er bisher wahrscheinlich selten gemacht hat, und dabei sein Einfühlungsvermögen zu trainieren.

Auch die Frage nach dem Nutzen aus einer problematischen Situation ist außerordentlich fruchtbar. Wenn ein System sich weigert, sich zu verändern, dann hat es einen Vorteil davon. Nicht-Veränderung ist häufig kein passiver Prozess, besonders wenn sich das Umfeld verändert, sondern die Menschen müssen aktiv Energie in Nicht-Veränderung investieren. Das geht nur, wenn die Beteiligten sich (unbewusst) einen Vorteil daraus versprechen.

Eine weitere wichtige Frage lautet: Was haben Sie bisher probiert? In der Frage steckt drin: ... und hat nicht funktioniert. Damit lassen sich alle nicht erfolgreichen Strategien erkennen, die der Ratsuchende dann auch nicht mehr anzuwenden braucht, weil sie ja nicht funktioniert haben.

Jetzt geht es weiter mit der Frage nach den Ressourcen. Wo stecken die Veränderungsmöglichkeiten, wo findet man Hebel, die sich ansetzen lassen?

C.:
Jetzt kommen ein paar merkwürdige Fragen, die dazu dienen, kreative Ansätze für Veränderungen zu finden. Als Erstes möchte ich gerne wissen, was du tun könntest, um die Situation zu verschlimmern? So, dass Frau Vogel noch mehr krank ist?

U.:
Das ist wirklich eine merkwürdige Frage. Ich will doch gar nicht, dass sich die Situation verschlimmert.

C.:
Das will ich auch nicht, aber wenn wir wissen, was die Lage schlimmer macht, müssen wir vielleicht einfach das Gegenteil dessen tun. Also, was könnte deine Frau Vogel dazu bringen, noch öfter krank zu sein?

U.:
Ja, hmm, vielleicht, wenn die anderen sie noch mehr schneiden.

C.:
Ja, und weiter.

U.:
Vielleicht, wenn ich sie weiter kritisiere.

C.:
Aha. Gibt es eigentlich Situationen, wo Frau Vogel im Büro ist und sich freut, lacht, entspannt ist und gerne arbeitet?

U.:
Ja, das ist dann, wenn es schwierige oder neue Aufgaben gibt, für die es kein Patentrezept gibt. Dann stürzt sie sich hinein und tüftelt. Das macht ihr Spaß.

C.:
Gibt es Situationen, wo das Klima in der Gruppe entspannt ist?

U.:
Ja, wenn Frau Vogel nicht da ist. Die Gruppe tut zwar so, als ob sie unter der Last der Arbeit zusammenbrechen würde, aber es läuft eigentlich reibungslos.

C.:
O.k., jetzt habe ich dich genug mit Fragen gelöchert. Wenn du

jetzt über die ganze Sache nachdenkst, was geht dir durch den Kopf?

U.:
Also, was ich begriffen habe, ist, dass alles mit allem zusammenhängt. Das Problem ist nicht allein die Frau Vogel, sondern auch die Gruppe, und bin auch ich. Irgendwie haben wir eine Konstellation in der Gruppe, die passt wie die Faust aufs Auge. Als Frau Vogel etwas verändern wollte, hat sie Druck von der Gruppe bekommen. Weil die Gruppe sich bedroht fühlte, hat sie Frau Vogel in die Außenseiterrolle hineingeekelt, und ich habe dabei auch noch mitgespielt, weil ich Ruhe in der Kiste haben wollte. Ist es das, was du mit deinen Fragen herausbekommen wolltest?

C.:
Exakt. Und deine Frau Vogel ist auch kein armes Hascherl, die nur das Opfer einer missliebigen Gruppe geworden ist, sondern sie hat sich offensichtlich auch bereitwillig in diese Rolle drängen lassen, sonst hätte sie sich mehr gewehrt. Was willst du denn jetzt unternehmen?

U.:
So hundertprozentig bin ich mir da noch nicht sicher. Ich werde auf jeden Fall etwas mehr Dampf in die Gruppe bringen und einige neue Sachen anstoßen. Außerdem will ich etwas für unsere Teamfähigkeit tun. Aber das muss ich mir erst noch genauer durch den Kopf gehen lassen. Ich sehe jetzt deutlich klarer und bin dir sehr dankbar, dass du mich da auf den Pfad der Tugend zurückgeführt hast. Können wir nächsten Mittwoch nochmals darüber sprechen?

C.:
Klar. Dann überlegen wir, wie du weiter vorgehen willst. Denn es ist wichtig, dass du jetzt nicht das Kind mit dem Bade ausschüttest.

Was heißt „systemisch“ denken?

Der Systemische Ansatz, wie Sie ihn im Beispiel erlebt haben, kommt aus der philosophischen Richtung des Konstruktivismus. Dieser besagt, dass es keine objektive Wirklichkeit gibt, sondern dass die Wirklichkeit nicht ohne einen Beobachter existieren kann. Ein Beispiel: Wenn im Schwarzwald ein Baum umfällt und keiner es bemerkt, dann hat dieses Ereignis keine Bedeutung. Die Systemiker würden sagen: Es macht keinen Unterschied, ob der Baum umgefallen ist oder nicht. Erst wenn ein Autofahrer die Straße, die der Baum versperrt, passieren will, wird dieser Unterschied relevant. Ob Sie diesem philosophischen Konzept zustimmen oder nicht, wollen wir einmal beiseite lassen, sondern prüfen, wie fruchtbar sich dieser Gedanke für die Lösung von Problemen im betrieblichen (und privaten) Bereich erweist.

Ein Beispiel ist das Beurteilungssystem. Warum es darüber häufig zu Kontroversen kommt, liegt daran, dass ein Beurteilungssystem ohne Beobachter nicht denkbar ist. Wenn die Mitarbeiter wüssten, dass sie niemand beobachtet, würden sie sich anders verhalten. (Ob sie mehr oder weniger Leistung bringen würden, sei einmal dahingestellt.) Die Konflikte rühren daher, dass ein Bogen angefertigt wird, den ein oder mehrere Vorgesetzte sehen und der in die Personalakte wandert. Somit muss der Mitarbeiter darauf achten, wie er vom Beobachter (dem Vorgesetzten, der Personalabteilung) wahrgenommen wird. Damit wird das Verhalten strategisch, d.h., der Mitarbeiter verhält sich so, wie er denkt, dass er möglichst gut aussieht. Der Beurteiler ist kein Außenstehender, sondern er beeinflusst mit die Leistung des Mitarbeiters. Daher auch der etwas pointierte Spruch: „Eine Beurteilung sagt mehr über den Beurteiler als über den Beurteilten“.

Daraus ergibt sich die Frage: Würde sich der Mitarbeiter genauso verhalten, wenn der Vorgesetzte nicht vorhanden wäre? Die Antwort lautet: Nein. Vielmehr beschreibt der Vorgesetzte seinen Mitarbeiter abhängig von ihm selber, er „konstruiert“ die Unterschiede (zum Beispiel zwischen „gutem“ Mitarbeiter und „schwachem“ Mitarbeiter) und definiert somit seine Wirklichkeit.

Hier kommen wir wieder zu unserem Beispiel: Wenn Herr Ulmer sein Problem definiert als „Frau Vogel passt nicht in diese Gruppe“, dann lautet die Lösung: Frau Vogel muss aus der Gruppe entfernt werden. Wenn er sagt: Das Problem ist, dass Frau Vogel der Gruppe demonstriert, wie wenig veränderungsbereit diese ist, dann muss er an der Innovationsfähigkeit der Gruppe arbeiten. Welche Lösung die richtige ist, lässt sich nicht objektiv feststellen. Die Kategorien „richtig“ und „falsch“ helfen bei solchen Fragen nämlich nicht. Entscheidend ist, ob eine Lösung funktioniert oder nicht. Und wenn eine Lösung nicht funktioniert, dann muss man eine neue ausprobieren. Eine Hauptaufgabe der Führungskraft besteht also darin, die verschiedenen Problemdefinitionen (Sichtweisen) zu koordinieren und daraus gemeinsam mit den Beteiligten eine Lösung zu erarbeiten.

Die Art und Weise, wie jemand ein Problem beschreibt, enthält immer schon den Keim einer Lösung. Eine Falle, in die manche Führungskraft tappt, sei zur Illustration hier beschrieben. Die Falle lautet „Mehr desselben“. Wenn Herr Ulmer feststellt, dass Frau Vogel blaumacht, dann tritt gewöhnlich das formaljuristische Ritual in Gang. Der Vorgesetzte führt zuerst ein Gespräch „im Guten“. Wenn das nicht hilft, dann gibt's ein Kritikgespräch. Hilft das auch nicht, dann kommt die erste Abmahnung, dann die zweite, dann die Kündigung. Natürlich ist das auch eine Lösung, aber eine, die viel Nerven und Kraft kostet. Außerdem kann es passieren, dass auch die Nachfolgerin nicht „passt“, und das Ganze wiederholt sich. Der Fehler ist, dass der Vorgesetzte nur eine einzige Strategie anwendet, nämlich „Druck machen“. Wenn die kleine Druckdosis nicht hilft, dann wird sie systematisch erhöht – mit anderen Worten: er tut „mehr desselben“. Besser wäre es, erstens das Problem anders zu betrachten (hier hilft Coaching) und zweitens die Strategie zu variieren und etwas ganz Neues auszuprobieren (hier hilft Coaching auch). Die Wahrscheinlichkeit, dass irgendetwas ganz anderes Erfolg hat, und sei es ein Kochkurs, ist allemal größer, als immer mehr Druck zu machen.

Hierzu passt ein schönes Beispiel von Paul Watzlawick: Ein Autofahrer hat eine Panne. Er steigt aus und kontrolliert den Benzinstand. Tatsächlich: Der Tank ist leer. Er füllt Benzin nach, steigt ein und startet. Aber das Auto fährt immer noch nicht. Kein Mensch käme jetzt auf die Idee, mehr Benzin in den Tank zu füllen. Im Führungsalltag erleben wir eine solche Vorgehensweise dagegen häufig. Der Mitarbeiter, der keine Leistung bringt, wird ermahnt, dann abgemahnt, zum zweiten Mal abgemahnt und schließlich gekündigt. Das Prinzip: „Mehr desselben“.

Systeme haben tückische Eigenschaften. Eine davon ist die „Autopoiesis“, d.h. die Fähigkeit, sich selber zu reparieren. Verdächtig wird die Lage immer dann, wenn ein Problem hartnäckig bleibt. Es tut sich dann die interessante Frage auf: Wie schafft es das System, ein Problem am Leben zu erhalten? Beim Fall der „Blaumacherin“ wird das unmittelbar deutlich. Alle haben irgendein Interesse daran, dass die Situation so bleibt, wie sie ist. Es gilt herauszufinden, welche Dynamik und welche Kommunikations- und Verhaltensstrukturen verhindern, dass das Problem gelöst wird.

Es ist also hilfreich, sich die Gruppe von Herrn Ulmer so vorzustellen, als ob sie eine Firma sei, die Nicht-Veränderung produziert. An diesem Produkt wirkt jedes Gruppenmitglied mit. Es gibt keine „Alleinschuldigen", sondern jeder trägt seinen Anteil zur problematischen Situation bei. Wenn man herausfindet, wie es diese Firma schafft, so erfolgreich mit ihrem Produkt zu sein, dann hat man den Lösungsweg. Ausgelöst wird ein Veränderungsprozess im Prinzip durch drei Ereignisse:

1. Leidensdruck:
   Einer der Beteiligten kommt so unter Druck, dass er das Problem ernsthaft angehen muss.

2. Lernen, persönliche Weiterentwicklung:
   Irgendeiner der Beteiligten gewinnt durch ein Buch, einen Freund, einen Personalentwickler, einen Coach eine Einsicht und versteht, warum das Problem da ist und wie es sich am Leben erhält.

3. Veränderung der Rahmenbedingungen oder Spielregeln:
   Äußere Ereignisse zwingen die Beteiligten, sich neuen Gegebenheiten anzupassen. (Beispiel: In dem Unternehmen von Herrn Ulmer gibt es plötzlich attraktive Prämien für Verbesserungsvorschläge.) Dieses Anpassen ist keineswegs ein passiver Vorgang, sondern ein aktives Suchen und Auseinandersetzen mit der (neuen) Wirklichkeit. Dabei spielt erst mal keine Rolle, ob der Zustand danach besser oder schlechter ist. Auf jeden Fall ist er anders. Man kann diese Anpassungsleistung gut bei Mitarbeitern beobachten, die sogenannte „Minimalisten" sind. Diese Mitarbeiter haben die Spielregeln eines Unternehmens klar erkannt und wissen genau, was sie sich leisten können und was nicht. Es wäre wenig hilfreich, diese Leute als „faul" oder gar „dumm" zu bezeichnen, denn die Erkenntnis, wie das Uhrwerk eines Unternehmens genau tickt, setzt viel Einsicht und Klugheit voraus.

Eine weitere Schlussfolgerung ist wichtig für die Veränderbarkeit eines Systems: Wenn ein einziges Mitglied des Systems sich verändert, dann ändert sich das gesamte System, d.h., die Übrigen passen sich (aktiv) dem veränderten Verhalten dieses Einzelnen an.

Nicht zu einer nachhaltigen Veränderung führen Appelle an das Gute im Menschen („Wir sitzen doch alle im gleichen Boot"), Gehaltserhöhung und Drohungen. Diese Verhaltensweisen stabilisieren die herrschenden Verhältnisse oder treiben sie in die Eskalation.

Die Entwicklung der Führungsmodelle

Theorien über die Führung sind so alt wie die menschliche Kultur. Ohne ein funktionierendes Management hätte es keine Pyramiden, keine Chinesische Mauer, kein Römisches Weltreich und keine Kriege gegeben. Die erste Managementtheorie soll von dem Chinesen Sun Tsu stammen, der sein Buch „Über die Kriegskunst" vor über 2000 Jahren auf Bambusstreifen geschrieben hat. Andere große Publizisten auf diesem Gebiet waren Niccolo Machiavelli, Friedrich der Große, Karl von Clausewitz. Den ersten Management-Bestseller schrieb Charles Babbage, der Computerpionier, im Jahre 1832 – ein Werk mit dem Titel: „On the Economy of Machines and Manufactures". Doch erst mit dem Aufkommen der Industrialisierung erhielt das Thema richtig Dynamik. Inzwischen haben wir die Situation, welche die Zeitung The Economist (vom 26.2.1994) so beschrieben hat: „Es gibt nur eins, das noch schlimmer ist als das sklavische Befolgen der Managementtheorie: sie völlig zu ignorieren."

Der Mensch als Werkzeug: der Taylorismus

Der erste und bekannteste Führungstheoretiker der Moderne ist Frederick W. Taylor (1856 – 1915). Er suchte den „besten Weg" für einen Arbeitsvorgang, weil er festgestellt hatte, dass auch erfahrene Arbeiter umständlich vorgingen. Als Ingenieur und Kind seiner Zeit (unterqualifizierte Einwanderer als das Rückgrat der Industrie) betrachtete er den Produktionsprozess mechanistisch: Menschen sind wie Werkzeuge einsetzbar, wenn man die zugrunde liegenden „wissenschaftlichen Gesetze" beachtet. Da der Durchschnittsmensch eine natürliche Abneigung gegen Arbeit hat, muss er geführt, gezwungen, kontrolliert und ggf. bedroht werden, um das vorgegebene Soll zu erfüllen. Der Arbeiter möchte an die Hand genommen werden, keine Verantwortung übernehmen und ist vor allem auf Sicherheit aus. Sein Ziel ist es, den Aufwand zu minimieren und den Lohn zu maximieren. Ein solcher Mensch bringt logischerweise nur dann Leistung, wenn er einfache Handgriffe zu erledigen hat.

Die Führungskraft hat in dieser Welt die Aufgabe, die optimale Arbeitsmethode zu finden, diese den Arbeitern zu vermitteln und ein gerechtes Leistungs-Lohn-System zu finden. Im Gegenzug erledigt der Mitarbeiter ohne zu murren seine Arbeit, er ordnet sich der Führung unter, und er trennt zwischen seinen privaten und den Unternehmensinteressen.

Der Soziale Mensch: die Human-Relations-Bewegung

Eine zunehmende Kritik am Taylorismus führte Anfang der 30er Jahre dazu, dass man den Arbeiter als ein soziales Wesen entdeckte. Diese vor allem von Elton Mayo (1880 – 1949) vertretene Auffassung wurde als „Human-Relations-Bewegung" bezeichnet, weil man erkannt hatte, dass es neben der formalen Organisationsstruktur auch informelle Strukturen gibt: Das Verhalten der Arbeiter wird nicht nur von der Ablauforganisation, sondern auch von den Kollegen und sozialen Ereignissen beeinflusst. Der neue Gedanke war, dass sich die Mitarbeiter im Betrieb auch soziale Bedürfnisse (Geselligkeit, Wertschätzung) erfüllen wollten.

Als Führungsaufgaben kamen jetzt hinzu, das Engagement der Mitarbeiter zu fördern: Man delegiert Routineentscheidungen an Mitarbeiter, man sorgt für einen funktionierenden Informationsfluss (Gruppensitzungen, Hauszeitschrift), man fördert die Teamarbeit, man fragt die Mitarbeiter nach ihren Ideen (Betriebliches Vorschlagswesen), man erkennt die sozialen Bedürfnisse der Menschen und hilft bei deren Erfüllung.

Die Mitarbeiter ihrerseits lassen sich durch die Erfüllung ihrer sozialen Bedürfnisse motivieren. Dadurch kompensieren sie die unvermeidliche Sinnleere ihrer Arbeit und werden zu nützlichen und wichtigen Gliedern der Organisation.

Der sich selbst entfaltende Mensch: die Human-Resources-Schule

Weil vor allem in die Verwaltungen immer mehr besser ausgebildete und anspruchsvollere Mitarbeiter kamen, rückte ein völlig neuer Aspekt in den Vordergrund: Der Mitarbeiter ist ein Reservoir ungenutzten Potentials, die Mitarbeiter setzen nur einen geringen Teil ihrer Interessen und Fähigkeiten im Betrieb ein, weil auch nur ein geringer Teil von ihnen gefordert wird.

Die Protagonisten dieser Richtung, Abraham Maslow (1908 – 1970) und Douglas McGregor (1906 – 1964), sagen, dass Kontrolle nicht das einzige Mittel sei, um die Mitarbeiter auf die Unternehmensziele zu verpflichten. Vielmehr sei es möglich, dass der Mensch durch die Entfaltung seiner persönlichen Gestaltungsbedürfnisse quasi nebenbei die Interessen des Unternehmens bediene.

Konsequenterweise änderten sich die Führungsaufgaben: Die Führungskräfte sollten die Mitarbeiter an relevanten Entscheidungen teilhaben lassen (Partizipation), sie sollten Fähigkeiten und Verantwortung so delegieren, dass die Verantwortung der Mitarbeiter herausgefordert werden, sie sollten die Entwicklung des Mitarbeiters laufend fördern und herausfinden, was Mitarbeiter anreizt, und diese Anreizsysteme schaffen.

Von den Mitarbeitern wird erwartet, dass sie auf einem bestimmten Gebiet verantwortungsvoll und selbständig handeln, dass sie ihre Ziele mit denen der Organisation verbinden und dass sie bereit sind, Leistung zu bringen, wenn sie richtig „angereizt" werden, beispielsweise durch Incentives, Wettbewerbe, Titel und Erfolgsbeteiligungen.

Der komplexe Mensch: Systemischer Ansatz

Mit der Zeit wurde klar, dass die bestehenden Theoriegebäude nicht mehr elegant aussahen. Um im Bild zu bleiben: Zum jeweils voraufgegangenen Theoriegebäude wurden da ein Nebengebäude angesetzt, dort ein paar neue Balken eingezogen, eine Baracke dazu gesetzt, so dass schließlich „Vereinigte Hüttenwerke" entstanden. Eine solche Konstellation ist immer ein Hinweis darauf, dass ein Kuhn´scher Paradigmawechsel ins Haus steht, der alle bisherigen Ansätze revolutioniert.

Diesen Paradigmawechsel boten die Systemiker. Ein wichtiger Vertreter dieser Richtung ist Peter M. Senge (geb. 1947). Seiner Auffassung nach lässt sich das Verhalten von Menschen nur im Kontext seiner technologischen und sozialen Umwelt erklären. Die Mitarbeiter sind also Bestandteile dieses komplexen Systems. Sie passen sich den Verhältnissen an, sie sind „opportunistisch" mit dem Ziel, das Überleben zu sichern. Damit sie sich anpassen können, müssen sie lernen und sich entwickeln. Ihr

Verhalten ist nicht „ausrechenbar", denn sie konstruieren sich ihre Wirklichkeiten.

Damit war klar, dass die Suche nach dem optimalen, allgemeingültigen Führungsstil gescheitert war. Der Vorgesetzte kann keine präzisen Handlungsanweisungen nach dem Wenn-dann-Schema mehr ableiten. Es gibt kein richtiges und falsches Verhalten mehr, sondern nur eines, das sinnvoll oder nutzlos ist. Führungskräfte und Mitarbeiter sind auf ihre Fähigkeit angewiesen, unterschiedliche Wahrnehmungen zu reflektieren und in ein anforderungsgerechtes Handeln umzusetzen, zur Not auch durch Versuch und Irrtum.

Dies hat Folgen für die Rolle der Führungskräfte: Sie sollen die Rahmenbedingungen schaffen, die es ermöglichen, dass Mitarbeiter ihre Aufgaben selbständig und effizient erfüllen können. Sie sollen Veränderungen des Systems managen. Sie sollen Sinn stiften und Visionen entwickeln, um die Zukunft des Systems zu sichern. Sie haben Vertrauen in die Mitarbeiter, dass sie das Richtige tun. Und sie lassen sie experimentieren und Fehler machen.

Von den Mitarbeitern wird erwartet, dass sie sich selbst motivieren, dass sie selbständig und verantwortungsvoll ihre Aufgaben erfüllen und dass sie lebenslang ihre Fähigkeit verbessern, die Zukunft zu gestalten.

Damit stellt sich auch die Machtfrage. Die bisherigen Ansätze zielten auf eine Steigerung der Produktivität bei bestehender Machtverteilung. In einer komplexen Welt versagen Befehl und Kontrolle als Führungsmittel. Erfolgreich ist der Mitarbeiter, der am meisten weiß bzw. Zugriff auf Wissen hat und der die meisten Verhaltensalternativen hat. Das Schicksal des Unternehmens liegt also in den Händen dieser Mitarbeiter.

Das Führungsinstrument, das diese Mitarbeiter ihrer Verantwortung gerecht werden lässt und ihre Entwicklung fördert, ist das Coaching.

Die „herkömmlichen" Führungsmodelle haben jedoch keineswegs ihren Wert verloren. Vielmehr verhält es sich wie in der Physik: Einstein hat Newton keineswegs widerlegt, sondern dessen Physik zu einem Spezialfall seiner eigenen, viel größeren Relativitätstheorie gemacht. Auch in der heutigen Zeit gibt es Situationen, in denen Kontrolle angezeigt ist, auch heutzutage spielen die sozialen Bedürfnisse der Menschen eine große Rolle, und immer noch bilden Anreizsysteme eine wichtige Säule für die Leistung. Nur wird das heute in einem übergeordneten Zusammenhang gesehen: Der Mitarbeiter lässt sich nicht auf ein Objekt reduzieren, das kontrolliert, angereizt und unterhalten werden muss. Vielmehr ist er ein Subjekt, das im Wirtschaftsprozess selber agiert, lernt und verändernd in dessen Ablauf eingreift.

Konflikte im Wandel der Zeiten

Vielleicht lässt sich am Beispiel, wie man im Laufe der Entwicklung mit Konflikten umgegangen ist, gut aufzeigen, wie sich die Führungsmodelle verändert haben. Im Taylorismus hatten die Mitarbeiter Konflikte einfach zu unterlassen, weil sie in der „wissenschaftlichen" Betriebsführung nicht vorgesehen sind. Maschinen haben schließlich auch keine Konflikte. In der Human-Relations-Periode wurden die Konflikte bei einer Tasse Kaffee oder bei einem Betriebsausflug ausgeräumt. Man durfte zwar Konflikte haben, aber nach einem geselligen Beisammensein mussten sie beendet sein. Im Human-Resources-Ansatz wurde postuliert, dass es im Idealfall eine „glückhafte Übereinstimmung" zwischen den Interessen des Unternehmens und des Individuums gibt. Wenn das nicht der Fall war, lag es am Vorgesetzten, was dazu führte, dass Konflikte unter den Teppich gekehrt wurden. Harmonie lautete die erste Bürgerpflicht. Bestenfalls durften Konflikte intrapsychisch bewältigt werden, indem man sich beispielsweise ein Magengeschwür zulegte.

Im Systemischen Ansatz bilden Konflikte den Normalfall, der aus der individuell konstruierten Wahrnehmung der Menschen hervorgeht. Konflikte werden somit reflektiert und als Hinweise auf organisatorischen Veränderungsbedarf interpretiert. Der Vorgesetzte hat die Aufgabe, die verschiedenen Sichtweisen zu koordinieren. Ein wichtiges Instrument für diesen Zweck ist wiederum das Coaching.

Teil 4

Beziehungs-coaching

Ein Beispiel: Der neue Verkäufer

Im Vertrieb eines Versicherungsunternehmens kommt der Regionalbereichsleiter, Peter Heidorn, 35 Jahre, zu seinem Vorgesetzten, dem Vertriebsleiter Thomas Metzler. Herr Heidorn hatte um einen Termin gebeten, um über ein Mitarbeiterproblem zu sprechen.

M.:
Hallo, Herr Heidorn, Sie wollten mit mir sprechen. Was kann ich für Sie tun?

H.:
Ja, Herr Metzler, ich hab´ da eine ganz harte Nuss zu knacken, und ich weiß nicht, was ich jetzt machen soll und wie ich vorgehen soll. Soll ich denn den Fall gleich erzählen?

M.:
Vielleicht sagen Sie mir erst einmal grob, worum es geht?

H.:
Es geht um den Mitarbeiter Herrn Villinger. Sie wissen, den haben wir vor gut fünf Monaten eingestellt, das heißt, er steht jetzt kurz

vor dem Ende der Probezeit. Und ich weiß nicht, was ich machen soll: ob ich ihn übernehmen soll oder nicht.

M.:
Das Ziel unseres Gespräches ist, dass Sie die Übernahmeentscheidung treffen können?

H.:
Ja, genau.

M.:
Das heißt, das Gespräch war erfolgreich, wenn Sie im Anschluss wissen, was Sie in Bezug auf Herrn Villinger machen. Gibt es noch weitere Ziele?

H.:
Nein. Wenn ich weiß, was ich da machen soll, ist mir schon genug geholfen.

M.:
Gut, Herr Heidorn. Dann erzählen Sie mir doch mal, was Ihnen durch den Kopf geht: Was spricht für, was spricht gegen die Übernahme von Herrn Villinger?

H.:
Gegen die Übernahme von Herrn Villinger sprechen seine Zahlen. Er hat im ersten Halbjahr sehr wenig produziert.
Obwohl..., so stimmt es nun auch wieder nicht, denn es passiert etwas ganz Merkwürdiges: Der Herr Villinger bunkert seine Anträge.

M.:
Was heißt: Er bunkert seine Anträge?

H.:
Anträge bunkern heißt, er sammelt die Anträge auf seinem Schreibtisch. Die sind praktisch unterschriftsreif, aber er geht nicht zum Kunden und lässt sie nicht unterschreiben.

M.:
Das heißt, er führt Beratungsgespräche mit den Kunden, aber er kommt nicht zum Abschluss?

H.:
So kann man es ausdrücken.

M.:
Haben Sie eine Erklärung für dieses Verhalten?

H.:
Ich stochere im Nebel. Ich hab´ keine Erklärung dafür, es ist auch ganz merkwürdig: Ich bin ja selber bei Kunden unterwegs, und kürzlich war ich zufällig in einer Firma, in der der Herr Villinger vier Wochen vorher war. Der Geschäftsinhaber sagte mir, dass er kürzlich mit dem Herrn Villinger gesprochen habe und dass eigentlich alles klar sei, man müsste nur noch unterschreiben. Aber er würde die Anträge von Herrn Villinger nicht kriegen.

M.:
Das klingt ja wirklich sehr merkwürdig. Seit wann ist das so? Hat Herr Villinger die Anträge von Anfang an nicht unterschreiben lassen, oder ist das erst im Laufe der sechs Monate entstanden?

H.:
Das kann ich so genau nicht nachvollziehen, denn am Anfang hat er natürlich noch ganz wenige Anträge geschrieben, weil er noch nicht wusste, wie es geht. Er kommt ja von der Firma XXX, wo er Fernseher verkauft hat. Deswegen musste er natürlich erst in der Ausbildung lernen, wie man Versicherungen verkauft. Da war nichts Auffälliges. Auffällig ist es seit, ich sag´ mal, vier bis sechs Wochen. Also in der Zeit sieht man auch den Stapel der Vorgänge auf dem Schreibtisch wachsen.

M.:
Ich erinnere mich: Wir haben ihn ja gerade eingestellt, weil er in seinem alten Beruf so erfolgreich war. Gibt es denn Situationen, in denen er auch Verträge abschließt?

H.:
Ja, diese Situationen gibt es. Ich kenne sie nicht im Einzelnen, nur zahlenmäßig, ich würde sagen: 15% schließt er ab.

M.:
Ich kann Ihre Zweifel, Herrn Villinger weiter zu beschäftigen, gut verstehen. Weshalb denken Sie überhaupt darüber nach, das Beschäftigungsverhältnis fortzusetzen?

H.:
Weil er, wie Sie wissen, vorher ein guter Verkäufer war – bei seinen Fernsehern. Und weil ich schon das Gefühl habe, dass er einen Zugang zu den Kunden bekommt. Er bringt ja auch die

Anträge fertig ausgefüllt mit. Das Einzige, was fehlt, ist die Unterschrift des Kunden.

M.:
Das heißt, Sie sehen sein Potential, aber es müsste uns gelingen herauszufinden, warum er die Anträge nicht unterschreiben lässt.

H.:
Ja, genau. Ich würde ihn ungern verlieren, weil er meiner Ansicht nach verkaufen kann.

M.:
Gut. Vielleicht gelingt es uns gemeinsam, herauszufinden, wo der Knackpunkt sein könnte. Wer außer Ihnen beiden ist denn noch beteiligt?

H.:
Das sind die Kollegen: Er hat zwei Kollegen, die im selben Büro sind.

M.:
Wie versteht er sich mit ihnen?

H.:
Zu den Kollegen hat er ein sehr gutes Verhältnis. Er hat sich gleich gut eingelebt. Er ist nicht der große Gesellschafter, aber er wird von den Kollegen schon geschätzt, also er ist ein ernsthafter, seriöser Mensch.

M.:
Gut. Jetzt interessiert mich noch, welche Maßnahmen Sie bereits ergriffen haben.

H.:
Erst habe ich mit ihm über die Situation gesprochen und gefragt, was der Hintergrund ist. Da kam überhaupt nichts raus.
Dann habe ich ihm gesagt, dass er zehn Termine pro Woche machen muss. Die hat er gemacht, das hat aber auch nichts gebracht. Dann habe ich ihn mit einem Kollegen mitgeschickt, damit er sieht, wie der Kollege vorgeht.

M.:
Da haben Sie eine Menge unterstützende Maßnahmen geleistet. Wie war das Ergebnis davon?

H.:
Das Ergebnis war gleich null. Es hat überhaupt nichts bewirkt.

M.:
Wie erklärt sich Herr Villinger selbst sein Verhalten?

H.:
Er sagt, er hätte einfach keine Zeit, die Kunden ein zweites Mal zu besuchen.

M.:
Wie sehen Sie das?

H.:
Also gut, wir sind natürlich eine Flächengeschäftsstelle mit großen Entfernungen. Aber wenn ich die Aussicht habe, einen Abschluss zu kriegen, dann fahre ich doch auch und bekomme die Provision. Ich habe keine Erklärung.

M.:
Gut, Herr Heidorn. Dann lassen Sie uns das Ganze unter einem völlig neuen Aspekt betrachten: Wenn Sie, einfach einmal angenommen, erreichen wollten, dass Herr Villinger noch weniger Anträge unterschreiben lässt, wie könnten Sie das erreichen?

H.:
Das ist eine schwierige Frage. Vielleicht, wenn ich ihn noch mehr unter Druck setzen würde, Geschäft zu machen.

M.:
Worin besteht der Zusammenhang zwischen „mehr Druck" und „weniger Unterschriften"?

H.:
Da muss irgendein Hemmnis sein. Eines, das ich nicht kenne, das ihn vielleicht verkrampft, oder er hat eine Blockade, vielleicht hat er Angst vor irgendetwas, ich weiß es nicht. Deswegen denke ich, mehr Druck bringt nichts. Sondern eher weniger.

M.:
Herr Villinger nimmt, wie es scheint, vieles in Kauf, um keine Anträge zu produzieren, und auf den ersten Blick erscheint das Verhalten unsinnig. Könnte es eine Erklärung geben, die das Verhalten sinnvoll macht? Oder anders ausgedrückt: Welches Problem hätte Herr Villinger, wenn er erfolgreich wäre?

H.:
Welches Problem er dann hätte? (Überlegt) – Er müsste seiner Frau Recht geben, dass es gut war, zur Versicherung zu wechseln.

M.:
Welche Rolle spielt die Ehefrau dabei?

H.:
Mein Eindruck ist, dass die Frau ein bisschen die treibende Kraft war, dass er zu uns gekommen ist. Ich weiß nicht, ob Sie die Geschichte noch erinnern. Er kam damals zu uns und sagte, dass sie einen Mann kennengelernt hätten, einen Versicherungsmakler, und dass er sich vorstellen könnte, auch bei der Versicherung zu arbeiten, weil er hier mehr Geld verdienen könne.

M.:
Herr Heidorn, Sie scheinen einer Idee auf der Spur zu sein. Erzählen Sie, was Ihnen gerade durch den Kopf geht.

Kommentar:
Herrn Heidorns Körperhaltung, Blick und Stimme haben sich verändert.

H.:
Ja, von einer Idee kann man noch nicht sprechen. Es war nur so auffällig, dass es eigentlich die Idee seiner Frau war, Versicherungen statt Fernseher zu verkaufen, weil man auch mehr Geld verdienen würde.

M.:
Heißt das, die Frau hatte ein größeres Interesse daran, dass Herr Villinger zu uns kommt, als er selber?

H.:
Den Eindruck kann man gewinnen. (Überlegt.) Aber das ist ja... ich meine, er schadet sich doch. Meinen Sie, dass das sein Nutzen ist, dass das sein kann?

M.:
Ich weiß nicht, ob das ein Nutzen für Herrn Villinger wäre. Das können Sie besser einschätzen als ich. Denken Sie, das macht Sinn?

H.:
Zumindest wäre es eine mögliche Erklärung für sein Verhalten. Also er sagt sich: Ich beweise meiner Frau, dass ich kein guter Versicherungsverkäufer bin, indem ich einfach zu wenig produziere und dann nach der Probezeit rausgeschmissen werde.

M.:
Könnte er sich das finanziell leisten?

H.:
Ich vermute, dass er zu seiner alten Firma zurück kann. Dort war er ja sehr erfolgreich. (Pause, überlegt). Also je länger ich darüber nachdenke, desto plausibler erscheint mir das. Weil es ja auch merkwürdig ist, dass er sich die ganze Mühe macht und die Kundengespräche führt. So würde es zusammenpassen. Das Verhalten sagt: Eigentlich bin ich ein guter Verkäufer, ich könnte es ja, ich bekomme die Aufträge – aber ich schließe sie nicht ab, werde nach der Probezeit rausgeworfen und kann meiner Frau sagen: Schau mal, ich hatte Recht, es hat nicht geklappt.

M.:
Gut. Lassen Sie uns nun über mögliche Maßnahmen nachdenken. Haben Sie Ideen?

H.:
Also, mir ist klar geworden, dass es möglicherweise mit seiner Frau zu tun hat. Aber jetzt weiß ich nicht, wie man da ran kommen soll. Ich kann ihn ja nicht nach seiner Beziehung zu seiner Frau fragen. (Lacht.)

M.:
Das halte ich auch für etwas gewagt. Was könnten Sie sonst tun?

H.:
Ob es ihm bei uns gefällt, habe ich natürlich schon gefragt. Da kam ein „Ja, ja, es ist alles o.k. und prima“, aber durch unser Gespräch werde ich doch nachdenklich, ob das so der Wirklichkeit entspricht. Es war schon eher oberflächlich, wie er darauf geantwortet hat. Ich sollte vielleicht etwas genauer hinterfragen, warum er gerne bei einer Versicherung arbeitet.

M.:
Ja, das halte ich auch für einen guten Schritt. Lassen Sie uns

noch einen Blick auf Ihre Ziele werfen: Sie wollten Klarheit bekommen, ob wir Herrn Villinger weiter beschäftigen. Ist das noch immer Ihr Ziel?

H.:
Ja, aber mir ist jetzt klar geworden, dass ich zunächst mit ihm ein ganz offenes Gespräch führen werde. Ich will ihn mit meiner Vermutung konfrontieren und ihn fragen, ob es stimmt, dass er eigentlich lieber bei seinen Fernsehern geblieben wäre und nur wegen seiner Frau gewechselt hat. Dann sehe ich ja, was passiert. Und wenn er dann sagt: „Ja, es ist so“, dann würde ich mit ihm über die Ausstiegsmodalitäten reden.

M.:
In diesem Vorgehen möchte ich Sie gerne bestärken, und auch, wenn sich Ihre Annahme bestätigt, zu dem Ausstieg. Wir wollen den Hund ja nicht zum Jagen tragen. Haben Sie schon eine Idee, was Sie tun, wenn Herr Villinger anders reagiert und wieder sagt, dass er gerne hier arbeitet?

H.:
Dann würde ich ihm sagen, dass es mit einer Übernahme im Moment sehr schwierig ist und dass wir ihm maximal einen befristeten Anschlussvertrag anbieten können. Und ich würde noch mal genau fragen, woran es liegt, dass er gut Fernsehgeräte verkaufen kann – und Versicherungen nicht gut. Irgendwo muss doch der Hase im Pfeffer liegen.

M.:
Ja, Herr Heidorn, ich denke auch: Das ist genau das richtige Vorgehen. Halten Sie mich auf dem Laufenden, wie es weitergeht?

H.:
Ja, mach´ ich – und vielen Dank für Ihre Beratung.

Anlässe – wann ist Beziehungscoaching nützlich?

Die Schwerpunktfelder, in denen Beziehungscoaching hilfreich sein kann, haben Sie im 2. Teil dieses Buches bereits kennengelernt: Fragen, die im Zusammenhang mit der Sozial- und Individualkompetenz des Mitarbeiters stehen.

Typische Fragestellungen für ein Beziehungscoaching sind:
- Konflikte mit Kollegen, einem Mitarbeiter oder Vorgesetzten
- wiederkehrende Probleme mit Kunden, Lieferanten
- Stress, Unsicherheit in sich wiederholenden Situationen
- Motivationsprobleme
- Führungsfragen.

Im Beziehungscoaching geht es also um komplexe Sachverhalte, die in der Regel so viele Facetten haben, dass es keine eindeutigen Lösungen gibt. Oft fällt es dem Fragenden selbst schwer, alle Zusammenhänge zu erkennen. Persönliche Betroffenheit überstrahlt die Fakten, die Entstehungsgeschichte ist aus dem Blickfeld geraten, oder der eigene Anteil im Konflikt wird nicht mehr erkannt.

Häufig hat Ihr Mitarbeiter eine Reihe anderer Lösungsmöglichkeiten gesucht, bevor es zum Coachinggespräch kommt: Maßnahmen ausprobiert, die aber nicht zum gewünschten Erfolg geführt haben; bei anderen nach Rat gefragt oder resignierend die Einstellung angenommen, dass das Problem eben nicht lösbar ist („Der, die oder das ist eben so, da muss man durch...“).

Vielleicht hat Ihr Mitarbeiter Sie nach diesen Versuchen angesprochen und um Hilfe gebeten, vielleicht haben Sie als Vorgesetzter auch erlebt, dass es Probleme gibt, und ein Coaching angeboten (siehe Seite 81ff). In jedem Fall ist die Grundhaltung im Beziehungscoaching: Sie sind neutraler Coach, Sie helfen Ihrem Mitarbeiter durch Ihre Unvoreingenommenheit, mit der Sie auf die Dinge blicken – auch und gerade bei starker emotionaler Betroffenheit Ihres Gesprächspartners. Dies ist nicht ganz einfach, besonders wenn die Schilderung der Situation bei Ihnen spontan dazu führt, innerlich für die eine oder andere Seite Partei zu ergreifen, nach dem Motto: „Das ist ja wirklich unmöglich, wie der ...“

Denken Sie gerade über einen Mitarbeiter nach, dem Sie ein Coaching anbieten wollen? Dann stellen Sie sich an dieser Stelle die erste entscheidende Frage, damit Sie beurteilen können, ob Sie in diesem Fall ein guter Coach sein können:

Bin ich neutral? Kann ich die Dinge aus allen Blickwinkeln betrachten, ohne nach Schuldigen zu suchen? Bin ich ggf. auch in der Lage, meine Sicht der Dinge zurückzustellen und offen an den Prozess heranzugehen?

Ihre Aufgabe als „Beziehungscoach“ ist es, den Blick fürs Ganze zu behalten. Neutralität ist also die wichtigste Voraussetzung für das Beziehungscoaching und vielleicht der am deutlichsten spürbare Unterschied zu freundschaftlichen oder kollegialen Gesprächen. Nur wenn es Ihnen gelingt, innerliche Distanz zu wahren, können Sie Ihrem Mitarbeiter helfen, Dinge anders zu sehen, als er sie bisher sah, und dadurch zu neuen Lösungen beitragen.

Der Beginn eines Beziehungscoachings

Im Beziehungscoaching ist das Gestalten der Beginnsituation bereits ein wichtiger Teil des Coachings. In dieser Phase machen Sie (teilweise auch unausgesprochen) das Angebot für die Art der Beziehung, die im Coaching gelten soll. Die wichtigsten Voraussetzungen:

- Coaching ist immer freiwillig – von beiden Seiten.
- Der Coach ist nicht in seiner klassischen Vorgesetztenrolle gefragt, er kennt nicht die Lösung, sondern den Weg.
- Der Coach ist nicht Partei, sondern neutral.
- Der Mitarbeiter kann sich darauf verlassen, dass er offen sprechen kann, ohne dass ihm hieraus irgendwelche Nachteile entstehen könnten; es besteht gegenseitiges Vertrauen.

Welche Möglichkeiten gibt es nun, diese Haltung bereits in der Beginnsituation deutlich zu machen?

Der Mitarbeiter fragt Sie um Rat

Stellen Sie sich vor, ein Mitarbeiter kommt zu Ihnen, weil er hofft, Sie könnten ihm in einer schwierigen Situation helfen. Wenn Ihre ersten Coachings erfolgreich waren, könnte es sogar sein, dass jemand sagt: „Ich hätte gerne ein Coaching...“ Aber gehen wir jetzt davon aus, Sie beginnen, mit der Methode zu arbeiten.

Mögliche Angebote:

- Ich biete Ihnen an, dass wir über dieses Thema und alles, was damit zusammenhängt, einmal ausführlich sprechen. Vielleicht kann ich helfen, neue Wege zu sehen.
- Ich glaube nicht, dass Ihnen mit einem Lösungsvorschlag geholfen ist. Wollen wir uns einmal zusammensetzen, um die Gesamtsituation ausführlich zu betrachten?
- Ich kann mir vorstellen, dass ich Ihnen mit einer Beratung (einem Coaching) helfen kann, wieder klarer zu sehen.

Und die Absicherung:

- Denken Sie auch, dass das gut wäre?
- Können Sie sich vorstellen, mit mir darüber zu sprechen?
- Glauben Sie, dass ich in dieser Frage ein guter Berater (der richtige Coach) für Sie sein kann?

Weiteres Vorgehen:

- Wann wollen wir uns verabreden?
- Haben Sie morgen Mittag eine Stunde Zeit?
- Möchten Sie, dass wir gleich jetzt mit der Beratung beginnen?

Sie machen ein Coaching-Angebot

Ähnlich wie beim Fachcoaching bedarf auch im Beziehungscoaching ein Angebot, das von Ihnen ausgeht, einer erklärenden Einleitung, also in der Regel einer Rückmeldung über das, was Ihnen aufgefallen ist (s. „Rückmeldung als Coaching-Element“, 2. Teil dieses Buches). Auch diese Rückmeldung wird, wenn es zum Coaching kommt, zu einem Teil, der die Basis der Beziehung festlegt. Achten Sie deshalb besonders auf die Formulierung.

Geben Sie Rückmeldung:

- aus Ihrer persönlichen Sicht heraus
- auf eine konkrete Situation bezogen
- ohne Kritik an der Person.

Zur Verdeutlichung einige Beispiele als Gegenüberstellung – Formulierungen, die ein Coaching eher unmöglich machen, und solche, die es fördern:

Coaching gelingt kaum nach Einleitungen wie:

- Sie wirken immer so deprimiert.

- Was war denn gestern wieder bei Ihnen los? Haben Sie Ihre Gruppe nicht im Griff?
- Wenn wir die Zahlen im Nordbereich nicht bald auf Vordermann kriegen, haben Sie ein Problem.

Besser:

- Ich habe gehört, dass es gestern einige Turbulenzen in Ihrer Gruppe gab.
- Sie scheint etwas zu bedrücken.
- Die Verkaufszahlen im Nordbereich sind zurückgegangen.

Die Formulierung macht in Verbindung mit Stimme, Tonfall, Körperhaltung unausgesprochen schon für sich alleine ein Beziehungsangebot: Beratung, nicht Kritik; Unterstützung, nicht Vorwurf; Hilfe zur Selbsthilfe, nicht fertige Lösungen.

Nach der Reaktion des Mitarbeiters auf Ihre Rückmeldung bzw. Einleitung folgen, wie im 1. Fall (Der Mitarbeiter fragt Sie um Rat), Angebot, Absicherung und weiteres Vorgehen.

Beim ersten Coachinggespräch mit einem Mitarbeiter ist es wichtig, die Form der Zusammenarbeit und der Beziehung zwischen Ihnen während des Coachings zu erläutern. Dies kann direkt in der Beginn-, also Anbahnungsphase sein, am Anfang des eigentlichen Coachinggesprächs oder spätestens nach der Zielklärung (siehe im nächsten Abschnitt: Phasen im Coaching).

Ein Beispiel:

Auf Ihre Initiative: „Sie scheint etwas zu bedrücken“ antwortet Ihr Mitarbeiter: „Ja, gestern gab es Streit unter den Kollegen A und B. Ich habe mich herausgehalten, aber ich glaube, das war nicht richtig.”

Sie fragen nach: „Sind solche Streitereien schon häufiger vorgekommen?“ Die Antwort: „Ja, und, ehrlich gesagt, weiß ich dann nicht, wie ich mich verhalten soll. Wenn ich mich einmische, streiten die mit mir weiter, und wenn ich nichts mache, stehe ich als gleichgültig da.“

Ihr Coaching-Angebot kann lauten: „Ich kann mir vorstellen, dass Ihnen eine Beratung hilft. Denken Sie, dass ich in dieser Frage der richtige Berater für Sie bin?“ Ihr Mitarbeiter antwortet: „Ja, danke für das Angebot, das nehme ich gerne an.“ Ihre Frage: „Wollen wir gleich jetzt darüber sprechen?“ Der Mitarbeiter: „Ja, das wäre mir am liebsten.“

Wenn dies Ihr erstes Coaching dieses Mitarbeiters ist, erklären Sie ihm als Nächstes, wie Sie vorgehen, zum Beispiel so:

„Sie kennen sich in Ihrer Gruppe natürlich viel besser aus als ich. Ich kann Ihnen also keine Lösung der Gruppenprobleme anbieten, aber Ihnen in unserem Gespräch helfen, die Situation einmal unvoreingenommen zu betrachten und mit Ihnen gemeinsam mögliche Schritte zu überlegen. Dabei sind Sie die Hauptperson: Sie bestimmen das Ziel der Beratung und entscheiden am Ende, was Sie umsetzen wollen und was nicht. Ist das in Ihrem Sinn?"

Phasen im Beziehungscoaching

Im Beziehungscoaching machen Sie sich gemeinsam mit Ihrem Mitarbeiter auf den Weg in unbekanntes Terrain. Bildlich gesprochen sind Sie wie ein erfahrener Lotse, der dem Kapitän hilft, sein Schiff durch ein Gewässer zu führen. Der Kapitän kennt sein Schiff, Sie wissen, wie man sich in unbekannten Gebieten orientiert. Da Lotsen in der Regel gerufen werden, wenn die Bordmittel nicht mehr ausreichen, dürfen Sie davon ausgehen, dass die See etwas bewegt sein dürfte; vielleicht verdeckt Nebel den Blick auf die Sterne, oder hoher Wellengang und Gischt machen die Orientierung auf See schwer. Die wichtigste Regel in dieser Situation ist: den Überblick gewinnen. Erkunden Sie sorgfältig alles an Deck, am Meer, an Land und am Himmel, was zur Steuerung wichtig sein kann. Und nutzen Sie die Seekarte!

Der Steuerung im Coachinggespräch entspricht das Phasenmodell der Seekarte: eine Übersicht, in der alle wesentlichen Punkte, auf die Sie als Coach zu sprechen kommen sollten, vermerkt sind. Das Vorgehen nach diesem Phasenmodell stellt sicher, dass Sie alle Aspekte, die für das weitere Vorgehen wichtig sind, erfragen.

Auf den folgenden Seiten finden Sie zunächst eine Kurzbeschreibung der einzelnen Phasen im Coachinggespräch. Danach ist jede Phase detailliert beschrieben.

Die Methoden, die Sie im Fachcoaching kennengelernt haben, bilden auch die Basis für das Beziehungscoaching:

- zuhören
- fragen
- Rückmeldung geben
- Informationen geben
- Verabredungen treffen.

Zu diesen Methoden finden Sie für die einzelnen Phasen Erweiterungen, die speziell im Beziehungscoaching hilfreich sind, und konkrete Fragebeispiele.

Neu sind folgende Arbeitsformen:
- die Zielklärung
- das zirkuläre Fragen in der Situationsklärung
- die Hypothesenbildung
- die Zielüberprüfung.

Die Phasen im Beziehungscoaching

Phase	Ziel dieser Phase
1. Einstieg und Zielklärung	Den Inhalt des Coachings festlegen: – Um welches Thema geht es? Die konkrete Zielsetzung des Mitarbeiters erfahren: – Was will er in der Situation erreichen? – Was will er in diesem Gespräch erreichen?
2. Zur Situationsklärung	Ein Gesamtbild der Ausgangslage erhalten: – Wie ist die Situation aus den unterschiedlichen Blickwinkeln heraus gesehen? – Wie ist sie entstanden? – Welche anderen Veränderungen fanden gleichzeitig statt? – Wann tritt das Problem nicht auf?
3. Zu den Beteiligten	Den Überblick über Beteiligte und Interessen erhalten: – Wer ist beteiligt? – Wer hat welche Interessen? – Wer hat welchen Nutzen in der Situation?

4. Zum Zugang und den Ressourcen	Erfahren, was schon probiert wurde – und was noch nicht: – Welche Lösungen wurden versucht? – Mit welchen Ergebnissen? – Was würde die Situation verschlimmern? – Was soll erhalten bleiben? – Was wurde vermieden?
5. Zielüberprüfung	Nach dem bisherigen Gesprächsverlauf: – Stimmt das anfangs formulierte Ziel noch? – Wie definiert der Mitarbeiter das Ziel jetzt?
6. Hypothesenbildung	Welche Zusammenhänge erkennen Sie als Coach nach diesen Informationen? Wie ist die Situation aus Ihrer Sicht?
7. Lösungsorientierung	Welche Ansätze sieht der Mitarbeiter? Ggf.: Welche sehen Sie?
8. Abschluss	Vereinbaren der nächsten Schritte: für die Situation und für den Coachingprozess.

Einstieg und Zielklärung

Das Ziel bestimmt den Weg der Reise. Fragebeispiele zur Zielbestimmung sind:

- Wann ist das Coaching aus Sicht Ihres Mitarbeiters erfolgreich?
- Was ist dann anders?
- Woran bemerkt Ihr Partner, dass sich etwas verändert hat?
- Wer bemerkt es noch? Woran?

Diese Fragen stimmen schon ein wenig auf die Lösungsorientierung ein. Denn klar ist: Ein Coaching hat nur Sinn, wenn etwas verändert werden soll. Wer nur erzählen möchte, wie schwierig etwas ist, um es sich von der Seele zu reden, braucht keinen Coach.

Weitere Fragebeispiele zur Zielklärung:

- Was ist das Ziel Ihres Mitarbeiters für dieses Gespräch?
- Wann war das Gespräch erfolgreich?
- Ist dieses Ziel realistisch?
- Und lohnt es sich (aus seiner Sicht), die Zeit dafür zu investieren?

Diese Phase bestimmt den Fortgang des gesamten Coachinggesprächs. Sie hilft dem Coach, als Lotse nicht in die falsche Richtung zu steuern.

Dazu ein Beispiel: Nehmen wir an, ein Mitarbeiter schildert als Anlass für das Coaching einen Konflikt mit einem Kollegen um einen neuen Auftrag. Das Gespräch erfordert im weiteren einen völlig anderen Verlauf, wenn der Mitarbeiter das Ziel hat, den Kunden zu überzeugen, dass er der Richtige für diesen Auftrag ist oder aber sein Ziel ist, mit dem Kollegen langfristig besser zusammenzuarbeiten. Eine Klippe beim Coaching: Auch wenn der Mitarbeiter an dieser Stelle ein anderes Ziel verfolgt, als es in den Augen des Coaches wünschenswert wäre: Der Mitarbeiter bestimmt den Kurs. Der Coach sollte auf Gefahren hinweisen, die er erkennt, aber im Coaching trifft die Entscheidung immer der Gecoachte. Die Chance zur Kurskorrektur besteht spätestens bei der Zielüberprüfung.

Als Coach achten Sie darauf, dass Ziele positiv formuliert sind: Es genügt nicht zu sagen, was nicht sein soll, z.B.: „Ich möchte, dass der Kollege nicht mehr in meinem Bestand wildert“, sondern dass der Zustand beschrieben wird, der erreicht sein soll, z.B.: „Ich möchte, dass wir eine klare Abgrenzung der Zuständigkeiten haben, die beide akzeptieren“. Diese positive Formulierung fördert nicht nur die Klarheit im Coaching, sie ist wiederum ein indirekter Hinweis auf die Ergebnisorientierung. Helfen Sie an dieser Stelle, wenn es erforderlich ist, durch Nachfragen.

Ziele sollen möglichst konkret und überprüfbar sein. Bei einer allgemeinen Zustandsbeschreibung hilft es nachzufragen, worin sich dieser Zustand von dem jetzigen unterscheidet. Wenn z.B. als Coachingziel „Ein positives Betriebsklima“genannt wird, können dies klärende Fragen sein:

- Was bedeutet „positiv“?
- Was ist dann anders?
- Woran merken Sie, dass das Klima positiv ist?
- Was geschieht dann?

Zur Situationsklärung

Dass die Situationsklärung besonders wichtig ist, kennen sie bereits aus dem Fachcoaching. Im Beziehungscoaching gilt dies noch verstärkt. Elemente dazu sind das „Verflüssigen" von Eigenschaften und die Kontextualisierung.

Keine Frage ist nur eine Frage. Sie ist immer auch eine Aussage über den Blickwinkel desjenigen, der sie stellt. Das kennen wir aus Alltagssituationen. Wenn jemand eine Frage stellt, die uns unangemessen erscheint, reagieren wir gereizt, kritisch oder betroffen: „Wieso fragen Sie das?" ist eine typische Reaktion. Jede Frage stellt auch etwas in Frage. Darin liegt natürlich auch im Coaching ein Risiko: Wenn Ihr Gesprächspartner sich ausgefragt fühlt, führt das Coaching in eine Sackgasse. Darin liegt aber auch die Chance, durch (die richtigen) Fragen etwas in Bewegung zu bringen. Denn hilfreiche Fragen regen zum Nachdenken an, während Aussagen oder Behauptungen nur Widerstand, Gegenargumente und eine Verteidigungshaltung provozieren würden.

Die Situationsklärung beginnt mit einer offenen Frage, z.B.:
- Wie stellt sich Ihnen die Situation dar?
- Was geschieht?
- Was erleben Sie?

Die Antworten darauf sind häufig wenig präzise, z.B.: „Ich komme mit den Launen von Herrn A. nicht länger klar."

„Verflüssigen" von Eigenschaften bedeutet, herauszufinden, was genau die Launen ausmacht. Um der (aus Sicht des Gesprächspartners vorliegenden) Launenhaftigkeit von Herrn A. näher zu kommen, sind beispielsweise folgende Fragen geeignet:
- Wie äußert es sich, wenn Herr A. launisch ist?
- Woran kann man es feststellen?

Um den Blick bereits in dieser Phase zu erweitern, kann es hilfreich sein, nicht wörtlich die Charakterisierung zu wiederholen, sondern sie positiv zu umschreiben, z.B.:
- Woran merken Sie, dass Herr A. weniger ausgeglichen ist als sonst?
- Wie sieht es aus, wenn Herr A. so emotional ist?

Dazu kann auch die Beschreibung des Gegenteils fördern, z.B.:
- Wenn Herr A. sachlich ist, was tut er dann?

Mit Kontextualisierung ist gemeint, herauszufinden, in welchen Zusammenhängen etwas geschieht. Kein Mensch ist, um im Beispiel zu bleiben, immer launisch. Es gibt konkrete Situationen oder Konstellationen, in denen das Verhalten mehr oder minder regelmäßig auftritt. Durch das Fragen nach diesem Kontext ermöglichen Sie ihrem Gesprächspartner, diese Regelmäßigkeiten zu erkennen, z.B.:

- In welchen Situationen wirkt Herr A. launisch?
- Was ist das Gemeinsame dieser Situationen?
- Wie wirkt sich sein Verhalten aus? Wer merkt es?
- Woran merkt man es?

Oft ist auch der Blick auf die Entstehungsgeschichte hilfreich:

- Wann haben Sie ihn zum ersten Mal so erlebt?
- Welche anderen Ereignisse stehen damit in zeitlichem Zusammenhang?

Und auch hier die Frage nach der Ausnahme:

- Wann tritt das Problem nicht auf? Wann z.B. ist Herr A. sachlich?
- Was unterscheidet diese Situationen voneinander?

Diese Fragen müssen individuell für jeden Coaching-Anlass modifiziert werden. Nehmen wir z.B. eine Situation im Bereich der Persönlichkeitskompetenz. Ihr Mitarbeiter fragt Sie um Rat, weil er bei Präsentationen nervös wird:

Zum Verflüssigen:

- Wie wirkt sich das aus, wenn Sie nervös sind?

Oder ruhig auch etwas aufmunternd ausgeschmückt – wer sagt denn, dass Coaching todernst sein muss:

- „Lassen Sie die Folien fallen, oder stolpern Sie über das Kabel?"
  (Diese sprachliche Verzerrung hat zudem den Effekt, dass Sie als Coach die Belastung, die vielleicht auf Ihrem Mitarbeiter ruht, nehmen, nach dem Motto: Es könnte ja noch viel schlimmer sein.)
- Wie ist das, wenn Sie ganz cool sind, was machen Sie dann anders?

Zum Kontextualisieren:

- In welchen Situationen sind Sie so aufgeregt?
- In welchen Situationen sind Sie gelassen?
- Was unterscheidet diese Anlässe voneinander?

(Sind es die Personen, die Themen, die Orte, die körperliche Kondition nach dem jeweiligen Verlauf des Vorabends?)

Wie gesagt: Fragen stellen in Frage. An dieser Stelle kann es sein, dass Sie alleine durch die Situationsklärung Ihrem Mitarbeiter bereits zu einer völlig neuen Sicht der Dinge verholfen haben; er erkennt beispielsweise, dass er nur aufgeregt ist, wenn er vor dem obersten Boss präsentiert. Das kann direkt Zugangsmöglichkeiten eröffnen.

Ob der Gecoachte bereit ist, Lösungswege zu finden, zeigt sich häufig an nonverbalen Signalen. Für das gesamte Coaching gilt daher: Achten Sie auf diese Signale. Der Gesprächspartner zeigt durch seine Körperhaltung und / oder seinen Gesichtsausdruck, wenn Sie an einem zentralen Punkt angelangt sind.

Ein spezieller Aspekt der Situationsklärung ist der Blick auf die Beteiligten – und die Frage, wie sie die Situation interpretieren (bzw. aus Sicht Ihres Gesprächspartners interpretieren würden).

Zu den Beteiligten

„Ich denke, du denkst... dabei denkst du nur..."
– darum geht es beim Zirkulären Fragen im Coaching.

Wir alle haben das Bedürfnis, Verhalten anderer zu erklären. Dies ist ein wichtiger Vorgang, um die Willkür des Alltags gedanklich zu mindern und uns Sicherheit zu geben. Ein Verhalten, das wir als stabil annehmen, wird vorhersehbar und dadurch nicht mehr gefährlich. Dieses Vorgehen ist sehr sinnvoll. Es entlastet uns zum Beispiel von der quälenden Frage, warum der Chef jeden Morgen nicht grüßt, wenn wir den Erklärungsansatz haben: Er ist ein Morgenmuffel. Sonst müssten wir uns vielleicht täglich fragen, ob wir etwas falsch gemacht haben. Allerdings hat dieses Erklärungsmuster auch einen entscheidenden Nachteil: die Gefahr, dass wir Menschen in Schubladen pressen, die nicht passen. Und in der Folge, dass gerade aus dieser Schematisierung heraus Konflikte entstehen.

Im Coaching ist die Frage nach den Beteiligten und deren (vermuteter) Sicht der Dinge daher ein wichtiges Element, um die Etiketten dieser „Schubladen" zu überprüfen. Darüber hinaus fördern Fragen nach der „dritten Sichtweise", auch auf das Problem selbst bezogen, die gewohnten Erklärungsmuster zu verlassen.

Die wichtigsten Fragen hierzu:
- Wer ist noch beteiligt bzw. betroffen?
- Welche Auswirkungen hat die Situation auf diese Personen?
- Wenn ich X (nacheinander die Hauptbeteiligten) fragen würde: Wie würden sie die Situation beschreiben?
- Wer hat welche Interessen?
- Welche Koalitionen gibt es unter den Beteiligten, wer hört auf wen, wer ist von wem (im weitesten Sinne, also auch emotional) abhängig?

Eine der wichtigsten Fragen in diesem Zusammenhang ist die Nutzenfrage. Wie Sie bereits im Abschnitt über den Systemischen Ansatz erfahren haben, gehen wir davon aus, dass jedes menschliche Verhalten sinnvoll ist – aus der Situation des jeweils Handelnden heraus gesehen. So ist es z.B. aus der Sicht eines S-Bahn-Surfers gesehen sinnvoller, auf diese Weise sein Leben zu riskieren, als (in den Augen seiner Freunde) ein Feigling zu sein. Übertragen auf betriebliche Situationen heißt das, dass auch Konflikte sinnhaft sind: Jeder der Beteiligten hat einen Nutzen (so schwer verständlich er bisweilen auch für Unbeteiligte sein mag), sonst würde er nicht stattfinden.

Fragen Sie deswegen in allen Konfliktsituationen nach dem Nutzen, z.B.:
- Wer hat welchen Nutzen aus der Situation?
- Welches Problem entsteht nicht, solange dieses existiert?
- Angenommen, das Problem wäre morgen verschwunden, welches Problem könnte dann auftreten?

Zum Zugang und den Ressourcen

Dieser Frageteil verfolgt zwei Zielsetzungen: zu erfahren, was bereits (erfolglos) versucht wurde, und zu erfahren, welche Wege bislang vermieden oder übersehen wurden.

Häufig sind gerade Maßnahmen, die immer wieder, auch verstärkt, angewendet wurden, nicht Teil der Lösung, sondern Teil des Problems. Erinnern Sie sich an das Beispiel der „Blaumacherin“ zu Beginn des Exkurses über den Systemischen Ansatz? Dort versuchte eine Führungskraft, durch verstärkte kritische Rückmeldung eine Mitarbeiterin zu einem Verhalten zu bewegen, das der Rest der Gruppe akzeptieren würde. Aber gerade durch diese Kritik trug er dazu bei, dass sich diese Mitarbeiterin immer mehr zurückzog und dadurch immer mehr zur Außenseiterin wurde.

Auch die Frage, wann das Problem nicht auftritt, kann in dieser Phase (nochmals) hilfreich sein.

Die wichtigsten Fragen zum Zugang und zu den Ressourcen:
- Welche Schritte, welche Maßnahmen haben sie bereits unternommen?
- Mit welchem Ergebnis?
- In welchen Situationen tritt das Problem nicht (schwächer ausgeprägt) auf?
- Was ist in diesen Situationen anders?

Die nächste Frage überrascht Sie vielleicht:
- Angenommen, Sie wollten das Problem verschlimmern, was müssten Sie dann tun?

Auf den ersten Blick verblüfft es, jemanden, der ein Problem lösen möchte, danach zu fragen, was er tun müsste, um es zu verschlimmern. Dennoch ist diese Frage hilfreich: Häufig wissen Menschen in belastenden Situationen nicht mehr, welcher Weg herausführt. Sie wissen aber sehr genau, wo die „Tretminen" liegen. Dies zu artikulieren eröffnet den Blick, dass vielleicht einfach das Gegenteil dessen, was das Problem verschlimmern würde, ein Schritt aus dem Weg heraus sein kann, und gibt (wieder) das Gefühl, Herr oder Herrin der Situation sein zu können.

Ähnlich paradox wirkt die Frage:
- Angenommen, über Nacht geschähe ein Wunder und das Problem wäre gelöst: Wie würden sich die Beteiligten dann verhalten?

Natürlich wissen wir alle, dass Wunder nur sehr, sehr selten geschehen. Danach zu fragen, macht aber den Blick frei: Aus der Sicht der intakten Situation heraus lässt sich (sozusagen hypothetisch rückblickend) erkennen, wie man dorthin gekommen sein könnte.

Zielüberprüfung

Das Ziel eines Coachinggespräches kann sich durch die Fragen, die neue Sichtweisen bilden, verändern. Dies geschieht relativ häufig, denn eine neue Sicht auf das Problem stellt auch andere als die ursprünglich gedachten Lösungen in Aussicht. Fragen Sie daher, bevor Sie zu Lösungen übergehen, nach, ob das Ziel noch stimmt bzw. wie es nun lautet. Welches Coachingziel sieht der Mitarbeiter nach dem bisherigen Gesprächsverlauf?

Hypothesenbildung

Im bisherigen Verlauf des Coachinggesprächs haben Sie viele Informationen erhalten: über die Ziele Ihres Mitarbeiters, die Situation, die Beteiligten und die Zugangsmöglichkeiten – alles aus Sicht Ihres Mitarbeiters. Mit hoher Wahrscheinlichkeit sind darüber hinaus zwei Dinge geschehen: Sie haben allein durch die Fragen gedanklich vieles bei Ihrem Mitarbeiter bewegt – und Sie haben sich ein eigenes Bild der Situation gemacht.

Die Phase der Hypothesenbildung dient dazu, dass Sie sich die Zeit nehmen, sich die Eindrücke zu vergegenwärtigen, die Sie aufgenommen haben. Dazu ist es wichtig, dass Sie einen Moment aus dem Gespräch herausnehmen und sich ganz auf sich selbst konzentrieren. Lassen Sie sich Zeit dazu, diese Zeit fördert die Qualität Ihrer Beratung. Nehmen Sie diese Auszeit im Gespräch, z.B. durch

- Danke, dass Sie alle meine Fragen beantwortet haben, ich möchte mir nun alle Informationen noch einmal durch den Kopf gehen lassen.

Wenn Ihnen danach zumute ist, spricht nichts dagegen, an dieser Stelle eine Pause zu machen; die sollten Sie dann allerdings alleine und nicht im Gespräch mit Ihrem Mitarbeiter verbringen. Vielleicht fallen Ihnen die Antworten auf folgende Fragen an Sie selbst aber auch ganz spontan ein:

- Wie ist Ihre Vermutung über die Zusammenhänge?
- Wer reagiert wie auf wen?
- Welche Verhaltensweisen haben das Problem verschlimmert?
- Unter welchen Voraussetzungen ist das Verhalten aller Beteiligten sinnvoll, wer hat welchen Nutzen aus dem Problem?
- Unter welchen Rahmenbedingungen wäre ein anderes Verhalten der Beteiligten sinnvoll?
- Welche Lösungsansätze wurden bislang vermieden oder übersehen?

Lösungsorientierung

Gedanklich gerüstet durch Ihre Auszeit, gehen Sie nun mit Ihrem Mitarbeiter in die Phase der Lösungsorientierung. Dabei gibt es nur zwei zentrale Fragen:

- Welche Lösungsansätze sieht Ihr Mitarbeiter nach dem Gespräch?
- Und gegebenenfalls ergänzend: Welche Ansätze sehen Sie (zusätzlich)?

Dabei gilt die Faustregel: 10 zu 1 – Ein Lösungsansatz, der von dem Gecoachten selbst kommt, hat eine zehnmal höhere Umsetzungswahrscheinlichkeit als ein Vorschlag, der von Ihnen kommt. Deshalb ist es wesentlich erfolgversprechender, auch kleine Schritte, die Ihr Mitarbeiter selbst vorschlägt, zu bestärken, als eigene Vorschläge zu machen. Die können notwendig sein, wenn Ihr Mitarbeiter sich noch immer in einem Denkmuster bewegt, das die Probleme verstärkt, oder unterstützend, wenn die eigenen Vorschläge sehr zaghaft sind.

Wichtig ist in beiden Fällen: Coaching ist das Modell der kleinen Schritte. Eine winzige umgesetzte Maßnahme ist ein Schritt zur Veränderung; ein großes Vorhaben, das nicht erfolgreich realisiert wird, ist ein Rückschritt.

Abschluss

Zum Abschluss dieses Coachinggesprächs vereinbaren Sie in jedem Fall konkrete Maßnahmen – und dies in Bezug auf zwei Aspekte; erstens zur Problemlösung selbst:

- Welche Schritte wird Ihr Mitarbeiter zur Problemlösung konkret angehen?
- Wann, mit wem, ggf. wie?
- Was ist die Zielsetzung?
- Welche Vorbereitung ist dazu erforderlich?
- Welche Unterstützung braucht er dazu?

zweitens zur Fortsetzung des Coachings:

- Wie zufrieden ist der Mitarbeiter mit diesem Gespräch?
- Wie hoch schätzt er seinen Nutzen daraus ein?
- Wie hoch ist sein Interesse an einer Fortsetzung?
- Müsste beim nächsten Mal etwas anders sein?
- Wann verabreden Sie sich wieder?

Beziehungscoaching in der Praxis – weitere Fälle

Die Stellvertretung

Die erste Sachbearbeiterin, Stefanie Lindner, 26, kommt zu ihrer Gruppenleiterin, Frau Schultheiß. Frau Schultheiß hatte Frau Lindner vor einigen Tagen die offene Stelle der stellvertretenden Gruppenleiterin angeboten, Frau Lindner hatte sich Bedenkzeit erbeten.

S.:
Hallo, Frau Lindner, wir sprechen heute über die Frage der Stellenbesetzung. Ich hoffe, Ihre Entscheidung ist positiv ausgefallen.

L.:
Nun ja, Frau Schultheiß, es ist so: Ich fühle mich ein bisschen unwohl bei dem Gedanken, Ihre Stellvertretung zu übernehmen. Ich habe so nette Kollegen, und es wäre mir nicht recht, wenn ich jetzt über diesen Kollegen stehen würde.

S.:
Frau Lindner, das finde ich schade, ich hatte sehr gehofft, Sie würden spontan Ja sagen. Jetzt möchte ich Ihnen einen Vorschlag machen: Ich kann mir vorstellen, dass ich in der Frage, ob die Position der Stellvertreterin für Sie das Richtige ist, auch eine gute Beraterin für Sie sein könnte. Wenn Sie an der Beratung Interesse haben, würde ich währenddessen natürlich meinen Wunsch, dass Sie die Stelle annehmen, zurückstellen.

L.:
Ja, gerne. Ich bin damit einverstanden.

S.:
Dann ist Ziel unseres Beratungsgespräches, dass Sie erkennen, was für Sie für, und was gegen die Stelle spricht.

L.:
Ja, genau, das wäre mir sehr recht.

S.:
Sie haben ja spontan ein Argument genannt, das aus Ihrer Sicht

gegen die Übernahme spricht: das gute Verhältnis zu Ihren Kollegen. Mein Vorschlag ist, dass wir zunächst einmal sammeln: Was spricht dafür – was dagegen.

L.:
(Nickt.)

S.:
Mit welcher Seite möchten Sie beginnen?

L.:
Mit der Seite, die dagegen spricht.

S.:
O.k., fangen Sie einfach an, ich notiere mir ein paar Stichworte, damit ich alle Argumente behalte.

L.:
Ich habe die Angst, dass, wenn ich Stellvertreterin wäre, die Kollegen mich ganz anders sehen würden, dass sie mich ausgrenzen würden, und wenn ich dann irgendetwas organisieren sollte, dann müsste ich ein Machtwort sprechen. Und Machtworte sprechen mag ich nicht.

S.:
Hm, gibt es noch weitere Aspekte, die dagegen sprechen?

L.:
Ja, ich hätte dann auch weniger Freiräume, und ich könnte nicht mehr so einfach mit den Kollegen privat weggehen.

S.:
Was meinen Sie mit „weniger Freiräume"?

L.:
Offen gesagt, dass ich länger arbeiten muss. Ich treibe sehr viel Sport, und da müsste ich mich dann natürlich einschränken.

S.:
Gibt es noch Weiteres?

L.:
Nein, das sind die Hauptpunkte.

S.:
O.k., es sind also drei Aspekte, die aus Ihrer Sicht gegen die Übernahme der Stellvertretung sprechen:
Sie befürchten, Machtworte sprechen zu müssen und dadurch von den Kollegen ausgegrenzt zu werden;
Ihre privaten Kontakte zu den Kollegen würden sich verändern; und Sie hätten weniger Freizeit. Ist das richtig zusammengefasst?

L.:
Ja. Dass die Kollegen mich ausgrenzen und dass die auch neidisch werden, wenn ich herausgehoben bin.

S.:
Ich höre schon, das ist das zentrale Thema. Ich möchte auch gleich detaillierter darauf eingehen. Vorher interessiert mich noch: Gibt es überhaupt etwas, das für die Übernahme spricht?

L.:
Ja, da gibt es natürlich auch Punkte: Es wäre für mich ein Sprungbrett, ein Einstieg in die Karriere. Ich denke auch, wenn ich es gut mache, bekomme ich eine Gehaltserhöhung, auch eine gewisse Anerkennung von den Kollegen. Ich weiß jetzt nicht, vielleicht sind meine Befürchtungen ja auch unbegründet.

S.:
Vielen Dank, das war auch eine Reihe von Argumenten auf der positiven Seite. Lassen Sie uns nun anschauen, was Ihnen Sorge macht. Ich habe als gewichtigstes Argument das Verhältnis zu den Kollegen im Ohr. Ist das richtig?

L.:
Ja, das ist richtig.

S.:
Wenn Sie die Situation im Moment betrachten: Wie ist Ihr Verhältnis zu den Kollegen?

L.:
Ich will nicht sagen, dass es Spannungen gibt, das Verhältnis ist schon o.k., aber der eine oder andere Kollege ist, seit ich erste Sachbearbeiterin bin, einfach nicht mehr so partnerschaftlich wie früher.

S.:
Woran merken Sie, dass das Verhältnis weniger partnerschaftlich ist?

L.:
Die Kollegen legen mir z.B. schwierigere Fälle hin, die soll ich dann auch noch im Urlaub bearbeiten. Die sagen dann:
Das kann die besser als ich.

S.:
Heißt das, dass die Kollegen Ihr Fachwissen schätzen und Sie in der Rolle als erste Sachbearbeiterin auch fordern?

L.:
Nein, das kann ich mir nicht vorstellen, denn diese Fälle könnten die auch selbst machen. Ich spreche die Kollegen dann auch an, wenn sie mir so einen Fall hinlegen, aber dann kriege ich eine patzige Antwort und bearbeite es doch.

S.:
Denken Sie, die Kollegen nutzen Sie aus?

L.:
Das kann ich mir nicht vorstellen. Ich glaube, es steckt Neid dahinter, einfach weil ich eine herausgehobene Position habe.

S.:
Frau Lindner, Sie sind eine sehr qualifizierte Mitarbeiterin. Sie erledigen die Dinge fachlich sehr kompetent und sehr schnell. Daher kann ich mir vorstellen, dass das auch Ihren Kollegen auffällt. Wenn Sie denken, dass das zu Neid führt, meinen Sie, jemand anderer hätte gerne Ihre Funktion?

L.:
Nicht jemand anderer, sondern mehrere andere. Wobei es den anderen genauso ergehen würde. Jeder, der herausgehoben würde, hätte mit denselben Problemen zu kämpfen.

S.:
Wenn Sie sich einmal vorstellen, ich würde jetzt Ihre Kollegen befragen, wie sie die Zusammenarbeit mit Ihnen erleben. Was würden die antworten?

L.:
Die würden sagen, dass das Verhältnis eigentlich gut ist, aber seit

sie erste Sachbearbeiterin geworden ist, trägt sie die Nase doch ein bisschen höher.

S.:
Was könnte die Kollegen auf die Idee bringen, dass Sie die Nase ein bisschen höher tragen?

L.:
Das Gefühl, dass sie sich selber benachteiligt fühlen.

S.:
Ich kann es mir noch nicht vorstellen. Deswegen noch mal anders gefragt: Was müssten Sie tun, damit Ihre Kollegen das Gefühl, dass Sie die Nase oben tragen und sie benachteiligt sind, noch stärker haben?

L.:
Stellvertreterin werden. (Lacht.) – Pause –
Sagen Sie, könnte ich nicht in einer anderen Gruppe Stellvertreterin werden?

S.:
Über Lösungsmöglichkeiten würde ich gerne später mit Ihnen nachdenken. Können wir noch einen Moment bei der Situation hier bleiben? Mein Bild ist noch nicht klar. Sie denken, dass alleine die Funktion zu dem Gefühl der Kollegen führt, benachteiligt zu sein?

L.:
Ja, genau.

S.:
Nun gibt es bei uns im Haus ja eine Reihe von, wie Sie sagen, herausgehobenen Positionen. Gibt es dabei welche, von denen Sie den Eindruck haben, dass sie von den Kollegen in dieser Rolle akzeptiert werden?

L.:
Ja, den Eindruck habe ich schon. Nur: Bei denen liegen die Verhältnisse ganz anders, die haben nicht mit so viel Konkurrenz in ihren eigenen Gruppen zu kämpfen.

S.:
Was ist in unserer Gruppe anders als in den anderen?

L.:
Ich finde, wir haben eine besondere Situation, weil so viel Konkurrenz da ist. Die anderen haben es da leichter, die haben keinen Haufen von Kollegen hinter sich, die vielleicht auch gerne Stellvertreter wären oder dann neidisch sind, wenn sie es nicht werden.

S.:
Wenn über Nacht ein Wunder passieren würde, wie müsste die Situation in unserer Gruppe sein, dass Sie sagen würden: Ja, ich werde gerne Stellvertreterin?

L.:
Wenn die Kollegen auch einen Vorteil davon hätten.

S.:
Worin könnte dieser Vorteil bestehen?

L.:
Wenn die dann auch eine Perspektive hätten. Wenn die den Eindruck hätten, man kümmert sich nicht nur um mich, sondern man kümmert sich auch um sie und deren berufliches Fortkommen.

Kommentar:
Frau Schultheiß wird etwas mulmig, sie ahnt plötzlich, dass nicht die Kollegen, sondern sie selbst das Problem ist, und beschließt, mutig danach zu fragen:

S.:
Haben Sie den Eindruck, dass ich zu wenig für die Förderung der Mitarbeiter tue?

L.:
Zu wenig, kann ich nicht sagen. Sie tun ja einiges für unsere Förderung: Wir dürfen Seminare besuchen, und jeder hat interessante Aufgaben, da gibt es kein Gefälle, sie fördern uns schon alle. Nur, wir sind halt auch ein Haufen, der ziemlich viel fordert, und vielleicht haben Sie in der Vergangenheit uns für unser Fortkommen nicht immer genug gegeben.

S.:
Vielen Dank, das ist ein sehr wichtiger Hinweis für mich. Ich

würde dieses Thema gerne demnächst ansprechen und alle fragen, welche Wünsche sie bezüglich ihrer Förderung haben.

L.:
Ja, das finde ich eine sehr gute Idee. Weil ich so das Gefühl habe, dass ich ein bisschen viel Last tragen muss, in dieser Beziehung. Wenn Sie etwas dazu sagen würden, das fände ich sehr gut.

S.:
Verstehe ich richtig, dass das zwei Wünsche sind: Zum einen die Förderung der gesamten Gruppe, und zum anderen möchten Sie, dass ich klar hinter der Entscheidung stehe, wenn Sie die Stellvertretung übernehmen?

L.:
Ja, wenn ich Stellvertreterin werden würde, bräuchte ich viel Rückendeckung von Ihnen. Das brauche ich, um mich dann wohlzufühlen.

S.:
Können Sie mir ein bisschen näher sagen, worin diese Rückendeckung bestehen sollte?

L.:
Ja, dass Sie den Kollegen zum Beispiel sagen, warum Sie sich ausgerechnet für mich entschieden haben.

S.:
Das will ich gerne tun, und dafür gibt es ja auch sehr gute Argumente: Ihr Arbeitseinsatz, auch die Schnelligkeit, in der sie die Vorgänge bearbeiten, und Ihr sehr gutes Fachwissen.

L.:
Das freut mich, dass Sie mich so loben, aber so dürfen Sie es in der Gruppe nicht sagen, das fände ich zu dick aufgetragen. (Pause, überlegt.)
Aber wenn ich jetzt so über unser Gespräch nachdenke, dann lichtet sich doch der Nebel: Wenn Sie es hinkriegen, dass für alle etwas dabei herausspringt, das wäre für mich ein wichtiger Schritt in Richtung Stellvertretung. Als ich in dieses Gespräch ging, war meine Wahrscheinlichkeit dafür 30 zu 70, jetzt ist es umgekehrt: 70 zu 30.

S.:
Dass sich Ihre Bewertung so verändert hat, freut mich sehr. Ich habe jetzt auch noch über unser Gespräch nachgedacht und mir vorgenommen, in der nächsten Gruppenbesprechung mit allen an der Frage zu arbeiten: Wer hat welche Rolle und welche Aufgaben in unserem Team. Ich denke, dass das auch zu mehr Klarheit untereinander führt. Was denken Sie?

L.:
Was genau meinen Sie mit Rolle und Aufgabe?

S.:
Die Frage: Welche Aufgaben erledigt jeder, welche der erste Sachbearbeiter, wofür ist der Stellvertreter zuständig und wofür ich selbst?

L.:
Ja, das finde ich gut, wenn Sie das sagen, weil ich, wenn ich Stellvertreterin bin, ja weniger fachliche Vorgänge bearbeiten muss und ich nicht möchte, dass das Krach gibt in der Gruppe.

S.:
Ja, genau das meine ich. Wir dürfen uns nicht streiten, weil jemand eine andere Aufgabe wahrnimmt, sondern wir müssen die Aufgaben so verteilen, dass es uns allen hilft und jeder einen Nutzen davon hat.

L.:
Ja, genau, so sehe ich das auch.

S.:
Wir haben jetzt in unserm Gespräch die Situation in unserer Gruppe beleuchtet, haben die Schwierigkeiten betrachtet, die mit Ihrer Funktionsübernahme auftreten könnten, und eine Reihe von Lösungsansätzen erarbeitet. Wenn Sie sich jetzt noch einmal an die Ausgangsfrage erinnern: Das Ziel war, dass Sie klarer erkennen, ob Sie die Stellvertreterposition wahrnehmen möchten. Wie nahe sind wir diesem Ziel?

L.:
Wir sind dem schon ziemlich nahe. Ich würde es mir gerne noch mal durch den Kopf gehen lassen und morgen noch mal kurz mit Ihnen darüber reden. Ich muss das alles jetzt einfach noch mal ein bisschen sacken lassen. Aber: Ich muss schon sagen, der Nebel hat sich gelichtet, und wenn wir das machen, was Sie

vorschlagen, dann hilft mir das sehr. Dann ist mir deutlich wohler, wenn ich die Stellvertreterfunktion übernehme.

S.:
O.k., das finde ich prima. Dann treffen wir uns morgen wieder.

„Mein Chef mag mich nicht"

Am Ende einer Routine-Rücksprache mit der Mitarbeiterin Ruth Wild, 34, kommt der Gruppenleiter, Markus Fender, eher zufällig auf ein neues Thema:

F.:
Also, Frau Wild, dann lege ich diesen Fall noch unserem Abteilungsleiter, Herrn Dr. Schramm, vor. Ich gebe Ihnen morgen Bescheid, ob wir wie angedacht weitermachen können.

W.:
Ja, ist gut, aber sagen Sie ihm nicht, dass das mein Lösungsvorschlag ist. Sonst lehnt er ihn sowieso wieder ab.

F.:
Das überrascht mich jetzt. Was ist denn los?

W.:
Dr. Schramm mag mich nicht.

F.:
Wie kommen Sie auf diese Idee?

W.:
Das merkt man doch.

F.:
Bei mir kommt jetzt an, dass Sie irgendetwas auf dem Herzen haben. Wenn Sie einverstanden sind, dann würde ich mit Ihnen das Thema gerne etwas systematischer angehen. Sie kennen es vielleicht: in Form einer Beratung. Ich versuche Ihnen zu helfen, sich mehr Klarheit über diesen Punkt zu verschaffen. Sind Sie damit einverstanden?

W.:
Ja.

F.:
Also, legen Sie los, Frau Wild. Woran machen Sie fest, dass unser Dr. Schramm Sie nicht mag?

W.:
Er grüßt mich nicht. Wenn wir uns auf dem Gang begegnen, und ich sage „Guten Tag“, dann überhört er es einfach. Letztens war er, auch auf dem Gang, im Gespräch mit zwei Leuten. Ich habe extra laut „Guten Morgen, Herr Dr. Schramm“ gesagt, und er hat nicht einmal aufgeschaut.

F.:
Wie lange haben Sie schon den Eindruck, dass er Sie nicht mag?

W.:
Schon immer. Ich habe ja zum Glück nicht so viel mit ihm zu tun. In den paar Situationen, wenn wir uns begegnet sind oder auch Rücksprachen hatten, hatte ich immer den Eindruck, dass er überhaupt keinen Wert auf mich legt.

F.:
Was ist denn jetzt Ihre Erwartung an unser Gespräch? Wann würden Sie hier hinausgehen und sagen: Das Gespräch hat mir etwas gebracht?

W.:
Wenn ich verstehen würde, warum mich der Dr. Schramm nicht mag.

F.:
O.k., das Ziel ist, dass Sie Klarheit darüber haben, warum Dr. Schramm Sie scheinbar nicht mag.

W.:
(Nickt.)

F.:
Wenn Sie bei ihm zur Rücksprache sind, wie läuft denn das genau ab?

W.:
Fachlich genauso wie bei Ihnen auch. Ich schildere den Fall und mache einen Vorschlag, aber er hat immer etwas auszusetzen. Er fragt immer noch dreimal nach, und ich habe das Gefühl, er vertraut mir auch nicht.

F.:
Ist das bisher immer und in jedem Fall so gewesen? Oder gab es auch einmal eine Situation, in der er Ihnen gleich geglaubt und nicht nachgefragt hat?

W.:
Wie gesagt: So häufig bin ich ja nicht bei ihm. Meistens spreche ich mit Ihnen. Und doch: Er hatte immer etwas, das er noch eingebaut oder geändert haben wollte.

F.:
Wie erleben denn Ihre Kollegen den Dr. Schramm? Haben die auch das Gefühl, dass er ihnen nicht vertraut?

W.:
Das weiß ich nicht so genau, ich spreche mit den Kollegen doch nicht über den Dr. Schramm. Nein, dazu kann ich nichts sagen.

F.:
Was haben Sie denn bisher probiert, um sein Vertrauen zu gewinnen, nachdem Sie den Eindruck hatten, dass er Sie nicht mag?

W.:
Ich gehe immer besonders gut vorbereitet in die Rücksprachen. Aber, wie gesagt, das auf dem Gang, das ist das Schlimmste. Da habe ich versucht, auf mich aufmerksam zu machen, besonders freundlich zu grüßen, aber er reagiert einfach nicht.

F.:
Kennen Sie noch jemanden, der das Gefühl hat, dass Dr. Schramm ihn nicht mag?

W.:
Früher, als die Frau Schwarz noch bei uns war, die hat mir auch einmal erzählt, dass es ihr so geht.

F.:
Was hat Frau Schwarz erlebt?

W.:
Sie hat auch gesagt, dass Dr. Schramm sie ausgrenzt.

F.:
Mich überrascht das Wort „ausgrenzt“. Was meinte sie damit?

W.:
Dass er sie nicht beachtet.

F.:
Wenn einer jemanden ausgrenzt, dann grenzt er auch jemanden ein. Bei wem haben Sie das Gefühl, dass er ihn besonders beachtet oder besonders mag?

W.:
Das kann ich so nicht sagen, aber wenn ich jetzt darüber nachdenke, glaube ich, er mag Frauen nicht.

Kommentar:
Der Coach atmet auf. Endlich eine Spur – aber eine unwahrscheinliche?

F.:
Haben Sie eine Erklärung dafür, dass er Frauen nicht mögen soll?

W.:
Nein. Ich kann mir nur vorstellen, weil hier überwiegend Männer arbeiten.

F.:
Warum ist das ein Problem für Sie, wenn Herr Dr. Schramm Sie nicht mag?

W.:
(Schaut verständnislos.)

F.:
Was wäre anders, wenn er Sie mögen würde?

W.:
Ich finde es einfach ungerecht. In bin genauso qualifiziert wie die Kollegen, und ich werde einfach nicht wahrgenommen.

F.:
Wie würde es sich auswirken, wenn er Sie wahrnehmen würde?

W.:
Er würde mich freundlich behandeln, sich erkundigen, wie es mir geht, und mich grüßen. Mich eben nicht übersehen, wenn wir uns im Flur begegnen.

F.:
O.k., angenommen, er würde Sie grüßen und beachten, was würde er dann weiter machen?

W.:
Nichts weiter.

F.:
Also, ich habe es noch nicht ganz verstanden. Deshalb frage ich noch mal nach: Es könnte jemandem ja auch egal sein, ob der Abteilungsleiter grüßt oder ihn wahrnimmt oder nicht. Ihnen scheint das aber nicht egal zu sein.

W.:
Ja, genau. Ich finde es einfach eine Frage von Höflichkeit, und das gehört für mich einfach dazu.

F.:
Jetzt stelle ich mal eine etwas merkwürdige Frage: Wie haben Sie es geschafft, dass er Sie nicht beachtet?

W.:
Was? Ich? (Überlegt.) Vielleicht habe ich ihn unter Druck gesetzt, wenn ich ihn auf dem Gang anspreche, während er sich unterhält?

F.:
Was meinen Sie mit „unter Druck gesetzt"? Blinzeln Sie ihn an?

Kommentar:
Der Coach verliert seine Neutralität. Die Fragen kommen aus seinem Bild der Situation, das sich von dem der Mitarbeiterin deutlich unterscheidet.

W.:
Nein! Nur, vielleicht wollte er im Gespräch nicht gestört werden.

F.:
Haben Sie das Gefühl, dass Sie ihn schon einmal unter Druck gesetzt haben?

W.:
Nein! Ich wollte ja nur freundlich sein. Ich habe das nur gesagt, weil Sie gefragt haben, was das mit mir zu tun hat (leicht ärgerlich).

F.:
Möchten Sie an dem Zustand gerne etwas ändern?

W.:
Ja, deswegen erzähle ich Ihnen das doch alles.

Kommentar:
Die Coaching-Beziehung droht zu kippen. Die Mitarbeiterin fühlt sich nicht verstanden.

F.:
Wenn Sie drei Wünsche frei hätten, was würden Sie sich wünschen, wie sich Herr Dr. Schramm sich Ihnen gegenüber verhalten soll?

W.:
Ich habe nur einen Wunsch: Er soll freundlich mit mir umgehen. Wie andere auch, wie Sie zum Beispiel.

F.:
Worin genau liegt der Unterschied zwischen meinem Verhalten Ihnen gegenüber und seinem?

W.:
Sie würden mich nie einfach auf dem Gang stehenlassen und wegschauen, wenn ich an Ihnen vorbeigehe.

F.:
Was noch?

W.:
Ich sage das als Beispiel. Das drückt doch sehr viel aus... (wirkt ungeduldig).

F.:
Das heißt, wenn Dr. Schramm sich genauso verhalten würde wie ich, dann würde er Frauen nicht ausgrenzen?

W.:
Ja.

F.:
Wie verhält sich denn Herr Dr. Schramm Ihren Kollegen gegenüber?

W.:
Das kann man gar nicht vergleichen. Das ist ein ganz anderes Verhältnis. Er schlägt ja Ihnen zum Beispiel auch manchmal auf die Schulter, das ist ein sehr burschikoser Umgang, auch mit den Kollegen.

F.:
Ja, weil ich ihn so kenne, hatte ich Mühe mit Ihrer Wahrnehmung, dass er Frauen ausgrenze. Ich erlebe ihn ja anders.

Kommentar:
Das Eingeständnis macht Frau Wild wieder offen für das Gespräch.

F.:
Möchten Sie denn gerne, dass er Ihnen auch auf die Schulter klopft?

W.:
(Lacht.) Um Gottes willen, nein! Das geht doch überhaupt nicht.

F.:
Was denken Sie, wie hätte ein Mann reagiert, wenn Herr Dr. Schramm ihn auf dem Gang nicht gegrüßt hätte?

W.:
Der hätte das wahrscheinlich gar nicht bemerkt. Das wäre völlig unwichtig gewesen, weil sie sonst so ein lockeres Verhältnis haben.

F.:
Heißt das, das Verhalten von Dr. Schramm ist gleich, Ihnen oder einem Kollegen gegenüber?

W.:
Ja, das kann sein. Vielleicht verhält er sich nicht anders, mir ist es nur wichtiger. (Denkt nach.) Das Grüßen wäre für mich eine Art Ersatz fürs Schulterklopfen gewesen.

F.:
O.k., Frau Wild, ich glaube, wir sind unserm Ziel nähergekommen. Sie wollten erfahren, warum Dr. Schramm Sie nicht mag. Wie sehen Sie das jetzt?

W.:
Ich muss es mir noch mal durch den Kopf gehen lassen. Vielleicht nehme ich das Ganze zu wichtig, und er meint es gar nicht so. Ich weiß noch nicht genau, was ich jetzt damit anfange, ich muss noch darüber nachdenken. Danke für die Beratung.

Weitere Fälle zum Beziehungscoaching finden Sie im Teil 6: „Coaching als Prozess“.

„Mein Mitarbeiter will wechseln“

Dieser Fall spielt in dem Bereich „Zentraler Einkauf“ eines Großhandelsunternehmens. Dabei geht es um das Coaching einer Führungskraft: Die Teamleiterin Frau Meywald kommt mit einem Mitarbeiterproblem zu ihrem Vorgesetzten, dem Bereichsleiter Heister.

H.:
Guten Tag, Frau Meywald. Was kann ich für Sie tun?

M.:
Guten Tag, Herr Heister. Ich möchte mit Ihnen über meinen Mitarbeiter Herrn Fischer sprechen. Ich habe nächste Woche einen Gesprächstermin mit ihm vereinbart und mir schwant nichts Gutes. Ich habe den Verdacht, dass Herr Fischer sich bei uns nicht mehr wohlfühlt und sich wegbewerben will. Jetzt hätte ich gerne Ihren Rat, wie ich in diesem Gespräch am besten vorgehe.

H.:
Aha. Erzählen Sie mir noch etwas vom Hintergrund.

M.:
Erinnern Sie sich noch? Herr Fischer hatte für ein halbes Jahr in der Sondergruppe zur Rückstandsbewältigung im Versand ausgeholfen. Seit er wieder bei uns ist, ist er wie umgewandelt. Er erzählt ständig mir, den Kollegen in der Gruppe, allen, die es hören wollen oder auch nicht, dass es in dieser Sondergruppe viel schöner war als bei uns und wie wohl er sich dort gefühlt hat.

H.:
Und Sie befürchten jetzt, dass er Ihre Gruppe verlassen und in den Versand wechseln möchte?

M.:

Ja, genau. Ich hatte ihn sozusagen ausgeliehen, weil dort solche

Arbeitsspitzen waren, und das habe ich gerne getan, um zu helfen. Aber wenn er ganz wegginge, würde das bei mir eine riesige Lücke reißen. Er ist seit 19 Jahren im Geschäft, Experte mit riesigem Fachwissen.

H.:
Und jetzt möchten Sie gerne eine Beratung von mir. Woran merken Sie, dass dieses Beratungsgespräch für Sie nützlich sein könnte?

M.:
Es sind zwei Dinge: Am liebsten hätte ich von Ihnen Tipps, wie ich in dem Mitarbeitergespräch vorgehe, damit er sich nicht wegbewirbt. Es würde mir aber auch helfen zu verstehen, warum es ihm dort so viel besser gefallen hat.

H.:
(Notiert die beiden Ziele.)
Erzählen Sie mir doch ein bisschen über Herrn Fischer. Was ist das für einer?

M.:
Ja, wie gesagt: Er ist Ende 30, wurde bei uns zum Groß- und Einzelhandelskaufmann ausgebildet und ist seitdem in unserer Gruppe für den zentralen Einkauf. Er ist ledig. Er ist sehr fleißig, ich bin zufrieden mit seinen Leistungen, er ist fachlich eine Stütze in der Gruppe.

H.:
Was kann er besonders gut?

M.:
Er ist der Experte in schwierigen, tüfteligen Fällen. Da kann er sich auch richtig reinknien und die bis ins Detail ausarbeiten. Zum Beispiel schwierige Buchungen, das macht sonst niemand in der Gruppe gerne; das macht er.

H.:
Wo sehen Sie seine Schwächen?

M.:
Manchmal ist er ein bisschen sehr umständlich. Er erledigt so gut wie nichts telefonisch, auch wenn es sehr viel schneller ginge, er schreibt lieber Briefe. Darüber habe ich schon mit ihm gesprochen und ihn gebeten, er möge effektiver arbeiten. Und

Kundenorientierung – das ist auch nicht seine Stärke. Es ist zwar keine Schwäche, aber: Er reißt sich kein Bein dafür aus.

H.:
Wieso haben Sie ausgerechnet Herrn Fischer für die Sondergruppe abgeordnet?

M.:
Er hat sich freiwillig gemeldet. Ich hatte die Frage der gesamten Gruppe vorgestellt, und er war derjenige, der sofort gesagt hat, dass er das machen möchte.

H.:
Sie sagten vorher, er war total begeistert von seinem Aufenthalt in dieser Sondergruppe. Was genau hat ihn so begeistert?

M.:
Die Arbeit dort ist ganz anders als bei uns. Dort geht es um Massengeschäft, Stapelarbeiten. Einfache Vorgänge, die auch überwiegend von Aushilfen bewältigt werden. Er war dort der Experte im Team, er hat den anderen erklärt, was man wie macht. Er sagte, er fand es toll, dass es keine festen Zuständigkeiten für jeden Mitarbeiter gab. In der Mitte auf dem runden Tisch lag ein Berg Arbeit, und jeder hat sich von oben herunter genommen. Ich glaube, das war ein Erfolgserlebnis für ihn, zu sehen, wie ein riesiger Berg von Vorgängen von dem Team abgeschafft wird, und am Schluss ist der Tisch leer.

H.:
Das ist ja eine faszinierende Vorstellung. Wie ist denn das Verhältnis von Herrn Fischer zu Ihnen?

M.:
Normal. Wir haben kein besonders herzliches Verhältnis, aber auch kein kritisches. Ich spreche mit ihm wie mit allen anderen auch.

H.:
Wie kommt er bei den Kollegen an?

M.:
Auch so. Er ist akzeptiert, aber nicht besonders beliebt. Was mir auffällt: dass die Kollegen manchmal die Augen verdrehen, wenn Herr Fischer Gespräche sucht. Manchmal läuft er, wenn er eine Pause macht, durch die gesamte Gruppe und erzählt

irgendwelche Geschichten. Da sagt auch schon mal ein Kollege: „Das hast du uns schon drei Mal erzählt."

H.:
Welches Verhalten von Herrn Fischer hätten Sie gerne anders?

M.:
Mir geht es ja vorrangig darum, dass Herr Fischer bleibt. Daran merken Sie schon, dass ich gar nicht so viel verändern will. Ich bin ja froh, dass ich ihn habe, weil er fleißig und fachlich sehr kompetent ist. Wenn ich ihn mir anders backen könnte, wäre es mir schon lieber, wenn er zügiger, effektiver arbeiten würde, aber das ist nicht so ein großes Problem.

Kommentar:
Hier erkennt der Coach, dass die Suche nach einem „störenden Verhalten" in diesem Fall nicht weiterhilft. Deswegen wechselt er die Fragenart in Richtung Energie und Motivation.

H.:
Also, Frau Meywald, wenn ich das Problem richtig heraushöre, heißt das: In der Sondergruppe hat Herr Fischer mehr Motivation, mehr Energie gezeigt, als er das in Ihrer Gruppe tut.

M.:
Ja, und offensichtlich hat ihm die Arbeit dort auch mehr Spaß gemacht.

H.:
Gab es denn schon Situationen, in denen Herr Fischer bei Ihnen in der Gruppe genauso viel Spaß und Motivation gezeigt hat?

M.:
(Zögert etwas.)
Das ist vielleicht ein merkwürdiges Beispiel, aber mir fällt auf, dass er mit Lachen und Leuchten in den Augen von dieser Sondergruppe erzählt. So kenne ich ihn eigentlich nur vom Betriebsausflug.

H.:
Jetzt bin ich überrascht. Was hat denn der Betriebsausflug mit der Sondergruppe gemeinsam?

M.:
Da ich selbst nie in dieser Gruppe war, weiß ich es nicht genau. Mir ist nur eingefallen, das einzige Mal, dass ich Herrn Fischer so gelöst erlebt habe, war beim Ausflug. Da ist Herr Fischer auch aufgeblüht, als er mit jungen Mädchen zusammen war, hat gelacht, Scherze gemacht, die haben mit ihm gelacht.
Und wenn er jetzt von dieser Gruppe erzählt, schaut er genauso strahlend.

H.:
Was macht Herr Fischer denn in seiner Freizeit? Womit verbringt er die 16 Stunden am Tag, die er nicht im Betrieb ist?

M.:
Was er erzählt, ist, dass er viel Zeit mit seinen, wie er sie nennt, „Kumpels" verbringt. Das sind teilweise noch Schulfreunde, Bekannte aus seiner Gegend. Sie gehen oft in den Biergarten oder im Winter zum Stammtisch und erzählen.

H.:
Auf eine Skala von 1 bis 10: Wie gerne kommt Herr Fischer arbeiten?

M.:
Da würde ich ziemlich hoch punkten, vielleicht 9. Weil ich glaube, wenn er keine Arbeit hätte, würde ihm etwas fehlen.

H.:
Wissen Sie etwas über seine beruflichen Ziele?

M.:
Soweit ich weiß, gab es, als noch mein Vorgänger die Gruppe leitete, Entwicklungsgespräche, bei denen Herr Fischer in Richtung Führungsaufgaben gedacht hat. Aber den Zahn hat ihm mein Vorgänger schon gezogen. Ich muss ehrlich sagen, ich kann ihn mir auch nicht als Führungskraft vorstellen.

H.:
Glauben Sie, er hat das Gefühl, beruflich in einer Sackgasse zu stecken?

M.:
Bei uns sehe ich keine Entwicklungsmöglichkeiten.
Herr Fischer ist jetzt erfahrener Sachbearbeiter – und dabei wird es bleiben.

H.:
Heißt das, dass er in der Sondergruppe für sich plötzlich eine Perspektive entdeckt hat?

M.:
Das könnte sein. Denn dort war er ja quasi Führungskraft für die Aushilfen.

H.:
Wissen Sie etwas darüber, was ihm im Leben wichtig ist, wie er sich sein Leben vorstellt?

M.:
Wie gesagt, er lebt alleine, meines Wissens hat er auch keine Freundin. Er verbringt viel Zeit mit seinen „Kumpels", macht gerne Sport: Wandern, Klettern, solche Dinge.

H.:
Also bei aller Vorsicht, aber das klingt auch nach wenig Perspektive im privaten Bereich?

M.:
(Nickt.)

H.:
Das heißt, wir haben den ersten Teil Ihrer Frage beantwortet, nämlich: Warum hat es Herrn Fischer in der Sondergruppe besser gefallen?

M.:
Ja, ich glaube jetzt, ihm hat gefallen, dass er einfach eine ganz andere Rolle hatte und dass er viel mehr mit den anderen geredet hat, diesmal nicht Privates, sondern fachlich; er konnte den anderen etwas erklären. Und ich glaube, dass er es genossen hat, gefragt zu werden und anerkannt und akzeptiert zu sein: als Person.

H.:
Dann kommen wir zum zweiten Teil Ihrer Frage: Wenn Sie jetzt das Mitarbeitergespräch führen, worauf Sie achten sollten. Daher die Frage: Wie müsste die Arbeit in Ihrer Gruppe gestaltet sein, damit er sich da genauso wohlfühlt wie in der Sondergruppe?

M.:
Wenn das Bild, das wir jetzt gemeinsam entwickelt haben,

stimmt, liegt ihm daran, als Person anerkannt zu sein. Als jemand, der kompetent ist und sein Wissen anderen weitergibt. Dafür sehe ich in meinem Team wenig Möglichkeiten. Bei mir arbeiten alle sehr selbständig, deshalb wird ihm diese Rolle bei mir niemand geben. Ich habe mir schon überlegt, ob ich ihm diese Frage stellen soll: Was aus seiner Sicht anders sein sollte. Was halten Sie davon?

H.:
Genau das würde ich an Ihrer Stelle auch tun. Mir ist jetzt noch wichtig, zur Abrundung: Was ist denn Ihr Anteil daran, dass Herr Fischer sagt: „Ich möchte lieber in der Sondergruppe arbeiten?"

M.:
Nach unserem Gespräch habe ich den Eindruck, Herr Fischer sucht viel Anerkennung. Und ich frage mich jetzt, wie er von mir Anerkennung bekommen hat. Das war, wenn er besonders schwierige Dinge gemacht hat – aber dafür habe ich ihn ja letztens auch gerügt, weil er damit so viel Zeit verzettelt. Also, ich fürchte, ich habe ihn nicht genügend anerkannt,
zu wenig gelobt.

H.:
Wer merkt eigentlich, dass Herr Fischer wichtig ist?

M.:
Nun, er ist Teil des Teams... Er fehlt, wenn er zum Beispiel in Urlaub ist und die anderen seine Arbeit mitmachen müssen... Das ist nicht sehr viel, fürchte ich?

H.:
Was halten Sie davon, wenn ich Herrn Fischer eine Sonderaufgabe gebe?

M.:
Herr Heister, das ist es. Ich glaube, das würde ihm riesig Spaß machen, wenn es eine interessante, herausfordernde Aufgabe ist.

H.:
Also, dann fahren wir eine doppelte Strategie: Sie kümmern sich verstärkt um die Anerkennung, und ich gebe ihm eine interessante Sonderaufgabe.

M.:
(Nickt erleichtert.)

H.:
Ist Ihre Frage damit beantwortet? Wie ist Ihr Fazit?

M.:
Ich kann mir jetzt viel besser vorstellen, in das Gespräch zu gehen. Ich habe mir vorgenommen, als Erstes Herrn Fischer selbst zu fragen, worin er den Unterschied zwischen der Arbeit in der Sondergruppe und bei uns sieht und was ihm bei uns Freude machen würde. Und vor allem: Herrn Fischer für das, was er gut macht, zu loben – ohne das wieder mit einer Kritik zu verbinden. Ja, und Ihre Sonderaufgabe, das ist einfach eine gute Idee. Ich glaube, so wird es.

H.:
Wunderbar, dann machen wir das so.

Die theoretischen Hintergründe zum Thema Coaching bei Motivationsproblemen sind im Teil 6 dieses Buches beschrieben: „Coaching als Prozess". Dort finden Sie auch weitere Fälle zum Beziehungscoaching.

Teil 5
Hindernisse

Fallen beim Coaching

Stellen Sie sich folgende Situation vor: Der Außendienstmitarbeiter Wieland (**W.**) hat seit einem halben Jahr ein Leistungstief. Sein Chef, Herr Lange (**L.**), führt folgendes Gespräch mit ihm:

L.:
Guten Tag, Herr Wieland. Wie geht's?

W.:
Naja, man wurstelt sich so durch.

L.:
Ich habe das Gefühl, dass Sie im Moment nicht so sonderlich glücklich sind. Ich finde, Sie brauchen mal ein Coaching, und am besten, wir fangen gleich damit an. Ich habe mir mal Ihre Zahlen genauer angesehen. Ich sehe das Problem darin, dass Sie zuwenig Kundenbesuche machen. Wie viele Termine machen Sie denn pro Woche?

W.:
Ja, so neun bis zehn.

L.:
So viele? Das kann ich mir beim besten Willen nicht vorstellen. Sie machen doch höchstens fünf.

W.:
Nein, das stimmt nicht, ich habe in den letzten Jahren immer etwa zehn Termine gemacht, und das hat gut geklappt. Ich glaube, dass mein momentanes Produktionstief eher seine Gründe im Markt hat. Wir haben einfach kein Produkt anzubieten, das mit meiner speziellen Kundschaft mitgeht.

L.:
Und warum sind dann Ihre Kollegen erfolgreicher? Kann es nicht daran liegen, dass die einfach fleißiger sind als Sie?

W.:
Also, ich weiß nicht.

L.:
Ich finde, Sie müssen unbedingt Ihre Kundenfrequenz erhöhen. Was halten Sie denn davon, wenn Sie künftig fünfzehn Termine pro Woche machen? Das wäre doch eine vernünftige Zielvereinbarung, die uns beiden entgegenkommt.

W.:
Wenn Sie meinen, kann ich das mal probieren, aber ich weiß nicht, ob das klappt.

L.:
Das kriegen wir schon hin. Kopf hoch, Wieland, es kommen auch wieder bessere Tage.

Was ist hier schiefgelaufen? Zugegeben, die Szene ist etwas holzschnittartig gestaltet. Trotzdem ist deutlich zu sehen, dass der Chef in einige Fallen geraten ist, die das Coaching zu einem unbefriedigenden Abschluss geführt haben.

Falle Nr. 1:

„Sie brauchen ein Coaching!"
Das klingt wie eine Drohung. Auch wenn der Chef sich das nur denkt, zeigt es seine Einstellung zum Coaching. Anstatt mit dem Mitarbeiter eine Vereinbarung zu treffen, verschreibt er ihm eine Maßnahme. Dahinter steht oft auch die Meinung, dass man Coaching technokratisch einsetzen kann, nach dem Motto: Jedes Problem kann man irgendwie wegcoachen. Das funktioniert nicht, weil der Mitarbeiter sein Problem selber lösen muss. Also:

Coaching beruht auf Freiwilligkeit –
von beiden Seiten!

Falle Nr. 2:
„Ich weiß, was Ihr Problem ist."
Dass der Mitarbeiter zuwenig Termine macht, ist die Sichtweise des Vorgesetzten, und diese unterscheidet sich gravierend vom Blickwinkel des Mitarbeiters. Im Coaching ist es wichtig, möglichst viele Blickwinkel einzubeziehen (auch die von Nichtanwesenden) und daraus ein Gesamtbild zu machen. Wenn der Coach gleich die eigene Sicht ins Feld führt, übt er Druck auf den Mitarbeiter aus. Im Zweifelsfall gilt die Definition des Mitarbeiters, nach dem Motto „Unter sticht Ober". Denn je nachdem, wie Sie ein Problem definieren, formulieren Sie auch die Lösung. Also:

Im Zweifel gilt die Sichtweise des Mitarbeiters.

Falle Nr. 3:
„Das kann nicht sein."
Coaching beruht auf gegenseitigem Vertrauen. Daher ist es wichtig, die Aussagen des Mitarbeiters nicht anzuzweifeln, auch wenn Sie vielleicht überrascht sind. Dann gibt es die Möglichkeit, diese Aussage zu hinterfragen. Also:

Die Aussagen des Mitarbeiters akzeptieren.

Falle Nr. 4:
„Sie müssen unbedingt ..."
Wenn Sie Vorschriften machen oder eigene Ideen „verkaufen", wechseln Sie in die Rolle des Vorgesetzten. Dann ergibt sich die Gefahr, dass Sie zum Problemlösungsautomaten für den Mitarbeiter werden.

Das heißt jedoch nicht, dass man keine Tipps geben darf. In der Schlussphase des Gesprächs kann der Coach durchaus sagen: „Ich an Ihrer Stelle würde ...", nur darf er nicht anfangen, auf seiner Idee zu beharren, wenn der Mitarbeiter von dem Vorschlag nicht so begeistert ist. Also:

Die Lösung für das Problem trägt der
Mitarbeiter in sich.

Wir schauen in ein anderes Coachinggespräch. Dieses stammt aus der Anwendungsentwicklung einer EDV-Abteilung und findet zwischen der Anwendungsentwicklerin Frau Tanner (**T**) und ihrer Vorgesetzten Frau Guthausen (**G**) statt. Dabei entdecken wir neue Möglichkeiten, wie ein Gespräch schiefgehen kann:

T.:
Ich möchte gerne mit Ihnen eine Situation besprechen, mit der ich überhaupt nicht zurechtkomme. Immer wenn ich ins Rechenzentrum komme und ein Programm testen will, dann fährt mich der zuständige Mensch total unsachlich an. Ob ich denn sicher sei, dass das Programm auch richtig ist, und ob ich alle meine Hausaufgaben gemacht hätte. Gestern sagt er wörtlich zu mir: „Ihr Programm wird nie laufen!"

G.:
Das ist ja wohl das Letzte. Ich finde es unmöglich, wie der Kollege sich verhält. Aber er ist ja bekannt für seine Ausfälle. Was haben Sie dann gemacht?

T.:
Ich hatte so einen Kloß im Hals, dass ich nichts sagen konnte. Ich bin einfach wieder gegangen.

G.:
Warum haben Sie nicht verlangt, seinen Vorgesetzten zu sprechen? Schließlich ist es nicht seine Aufgabe, zu überprüfen, ob Ihr Programm richtig geschrieben ist.

T.:
Ich hatte einfach nicht den Nerv dazu, mich weiter mit dem Typ zu unterhalten. Ich musste dringend raus, sonst hätte es ein Unglück gegeben.

G.:
Nehmen Sie das nicht so tragisch. Vor dem brauchen Sie keine Angst zu haben. Das macht der immer, wenn ihm eine Laus über die Leber gelaufen ist. Und er hat öfters Läuse auf der Leber.

T.:
Ich verstehe gar nicht, warum der so aggressiv ist. Ich habe ihm doch gar nichts getan.

G.:
Ich habe mir schon halb gedacht, dass es zwischen Ihnen beiden mal funken wird. Sie sind ja der eher schüchterne Typ. Bei

solchen Leuten probiert er aus, wie weit er gehen kann. Der will halt seine Macht ausspielen.

T.:
Aber irgendwie muss es jetzt weitergehen. Ich habe mir überlegt, dass ich morgen zu ihm hingehe und ihn frage, ob er sich vorstellen kann, wie einem zumute ist, wenn man so behandelt wird, wie er es tut.

G.:
Das ist der völlig falsche Ansatz. Darauf reagiert der überhaupt nicht. Ich bin nicht sicher, ob der überhaupt auf etwas reagiert. Der ist schon seit 10 Jahren so.

Hier steigen wir wieder aus und sammeln, welche Kunstfehler der Coach hier begangen hat.

Falle Nr. 5:
„Ich finde es unmöglich, wie der Kollege sich verhält."
Hier hat der Coach seine Neutralität verlassen und bewertet das Verhalten eines Dritten. Auch wenn es manchmal sehr schwer fällt: Es ist absolut wichtig, auch abscheuliches Verhalten mit kühlem Blick zu betrachten. Denn dieser Mensch denkt, dass es richtig und sinnvoll ist, sich in dieser Situation so zu verhalten. Die Frage lautet: Welche Gründe bewegen ihn dazu? Welche Funktion hat dieses Verhalten im Kontext seiner Arbeit? Da es sich um ein sehr auffälliges Verhalten handelt, muss eine tiefere Bedeutung dahinterstecken. Also:

> Neutralität wahren –
> keine Koalitionen mit dem Mitarbeiter eingehen.

Falle Nr. 6:
„Warum haben Sie nicht ...?" oder
„Sie hätten ... tun müssen."
Was für einen Dritten gilt, gilt erst recht für die zu coachende Mitarbeiterin. Solche Sätze kommen als Vorwurf an und lösen Rechtfertigungsarien aus. Überdies bringt es meistens nicht viel, über Fehler aus der Vergangenheit zu philosophieren; meist ist es besser, schnell den Blick in die Zukunft zu richten: Welche Möglichkeiten gibt es jetzt? Also:

> Schuldzuweisungen belasten die Beziehungsebene –
> hier ist Wertschätzung gefragt.

Falle Nr. 7:
„Nehmen Sie das nicht so tragisch" oder:
„Das ist alles gar nicht so schlimm".
Die Verletzungen, die die Mitarbeiterin schildert, sind real. Es hilft nichts, sie zu bagatellisieren oder zu verniedlichen. Oft steckt hinter einem solchen Satz der Wunsch, der Mitarbeiterin zu helfen, ihr die Furcht vor dem „Bösewicht" zu nehmen. Leider kommt die Botschaft ganz anders an: „Mein Coach versteht mich nicht, er nimmt mich nicht für voll." Besser ist es, die Gefühle zu akzeptieren und Einfühlungsvermögen zu zeigen, zum Beispiel: „Ich kann mir vorstellen, wie Ihnen zumute war. Mir würde es genauso gehen." Damit verstoßen Sie auch nicht gegen die Neutralitätspflicht. Also:

Nicht der Mitarbeiterin ihre Gefühle ausreden.

Falle Nr. 8:
„Sie sind ja der eher schüchterne (dominante, ehrgeizige ...) Typ. Es ist klar, dass X dann so reagiert."
Obwohl die Verführung groß ist, sollte der Coach davon absehen, apodiktische Erklärungen für ein Verhalten abzugeben. Die Wahrscheinlichkeit, dass er damit falsch liegt, ist ziemlich groß. Außerdem kommt es bei der Mitarbeiterin als Besserwisserei an: „Aha, mein Chef, der Oberdiagnostiker, hat mich schon lange durchschaut und wusste im Voraus, was passiert. Merkwürdig, dass er mir bisher nichts gesagt hat." Die Alternative lautet, sich die Situation näher beschreiben zu lassen („Erzählen Sie mal genau, was Sie zu X sagen, wenn Sie einen Testlauf machen wollen") oder Hypothesen zu formulieren („Könnte es sein, dass X immer dann aggressiv wird, wenn jemand eher zurückhaltend ist?"). Also:

Ein Coach muß nicht alles erklären können.

Ein Nobelpreisträger ist einmal gefragt worden, wie er es denn geschafft habe, so erfolgreich zu werden. Seine Antwort: „Ich habe jeden Tag zum Frühstück eine Lieblingshypothese verspeist."

Falle Nr. 9:
„Das ist der völlig falsche Ansatz."
Beim Coaching gibt es kein Richtig oder Falsch, weil es keine Patentlösungen gibt. Dazu sind die Situationen zu komplex. Es

gibt nur „Wirksam“ oder „Unwirksam“. Darüber, welche Maßnahme ergriffen wird, entscheidet ausschließlich die Mitarbeiterin, denn sie weiß am besten, mit welcher Vorgehensweise sie sich wohlfühlt. Sie ist es ja, die in der Situation agieren muss. Trotzdem können Sie als Coach natürlich Bedenken anmelden: „Ich vermute, dass Ihre Idee dazu führt, dass X noch aggressiver wird, weil er mit Ihrer Botschaft nichts anfangen kann.“ Also:

Die Mitarbeiterin weiß am besten,
welche Vorgehensweise
zu ihr und der Situation passt.

Jetzt folgen noch ein paar weitere Klemmstellen im Coachinggespräch:

Falle Nr. 10:
„Ich weiß noch nicht alles.“
Je komplexer der Fall ist, desto mehr kommt das Gefühl auf, dass man als Coach nicht alles weiß. Dann stellt man Fragen über Fragen und verheddert sich schließlich in Randgebieten. Dahinter steckt oft die Befürchtung: Ich muss alle wichtigen Informationen haben, um qualifiziert beraten zu können. Dies ist nicht notwendig, denn nicht Sie müssen das Problem lösen, sondern der Mitarbeiter. Und der hat alle notwendigen Informationen, er kann sie nur nicht optimal verwerten. Als Faustregel lässt sich sagen: Eine Exploration, die länger als eineinhalb Stunden dauert, bringt nichts wesentlich Neues mehr. Sollte sie sich doch länger hinziehen, wäre die Frage interessant: Was macht es so schwer, auf die relevanten Informationen zu kommen? Also:

Man hat nie alle Informationen –
und braucht sie auch nicht.

Falle Nr. 11:
„Jetzt habe ich mich eine Stunde abgezappelt,
und der Mitarbeiter hat absolut nichts verstanden.
Es war alles für die Katz.“
Eine sehr unangenehme Situation entsteht, wenn der Coach das Gefühl hat, dass alles, was er sagt, irgendwie nicht „ankommt“. Der Mitarbeiter lehnt entweder alle Hypothesen ab oder verwirft alle Lösungen als nicht praktikabel, oder er sitzt mit traurigem Gesicht da und schweigt. Hier ist man noch nicht zum Kern der Fragestellung durchgedrungen, oder man hat das falsche Vorgehen gewählt. Dann empfiehlt es sich, eine Pause zu machen

und nochmals die verabredeten Coachingziele anzuschauen. Manchmal wurde dann die wichtige Frage vergessen: Warum ist dieses Problem ein Problem für Sie? Keinesfalls sollten Sie das Coaching fortsetzen, wenn Sie der Ansicht sind, dass der Mitarbeiter einfach „zu blöd" ist, die Zusammenhänge zu verstehen. Also:

Wenn das Coaching nicht wirkt,
wird das falsche Problem behandelt oder
das Problem falsch behandelt.

Falle Nr. 12:
„Jetzt müssen wir endlich mal zu konkreten Maßnahmen kommen."
Im Verlauf eines längeren Gesprächs kann der Coach durchaus den Wunsch verspüren, jetzt mal „Butter bei die Fische" zu tun. Die Folge ist, dass er Druck macht, doch eigentlich ist es nur der eigene Erfolgsdruck, den der Coach an den Mitarbeiter weitergibt. Dies ist wenig hilfreich, denn damit löst er Widerstände aus. Besser ist es, (erstens) sich mit Geduld zu wappnen, (zweitens) eine Denkpause einzulegen, (drittens) sich zu fragen, warum er sich so unter Erfolgszwang setzt, und (viertens) den Mitarbeiter zu fragen, warum es so schwierig ist, zu praktischen Verabredungen zu gelangen. Also:

Eine klare Linie haben –
aber keinen Druck machen.

Falle Nr. 13:
*„Ich habe eine entscheidende Information,
die mein Mitarbeiter nicht hat,
aber ich darf ja nichts sagen."*
Eine Beratung funktioniert nur dann, wenn es mehrere mögliche Antworten auf eine Frage gibt. Daher sollte ein Problem, dessen Antwort in einem bestimmten Expertenwissen besteht, nicht gecoacht werden. Wenn der Coach zufälligerweise über eine Information verfügt, die für die Problemlösung wichtig ist, dann soll er sie nicht verschweigen. Also:

Keine Ratespiele machen!

Widerstände gegen Coaching

Hemmnisse gegen betriebliches Coaching lassen sich in drei Komplexe unterteilen:

- Widerstände, die in der Führungskraft liegen,
- Widerstände, die in der Organisationskultur liegen, und
- Widerstände, die in der Person des Mitarbeiters liegen.

Hier sollen einige beispielhafte Blockaden dargestellt werden, wie Widerstände zum Ausdruck kommen, welche Motive möglicherweise dahinterstecken und welches Verhalten der Coach zeigen kann, um konstruktiv mit dem Widerstand umgehen zu können.

Widerstände im Coach

Blockade 1:
„Ich bin doch kein Psychiater."
Das stimmt. In einer Umfrage unter deutschen Firmen, die Coaching als Führungsinstrument einsetzen, wurde dieses Argument als das zentrale Hindernis gegen Coaching genannt. Es kommt hier eine gewisse Skepsis zum Ausdruck, ob eine so „weiche" Methode denn auch einen Effekt erzielt.

Auch wenn es auf den ersten Blick so aussieht: Coaching ist kein Ausfluss von Sozialromantik. Es ist eine sehr wirksame Methode, die Kompetenz, Eigenverantwortlichkeit und Selbständigkeit der Mitarbeiter zu stärken, mit dem Ziel, ihre Fähigkeit zur Problemlösung zu verbessern und ihre Leistungsfähigkeit zu erhöhen. Natürlich bedeutet Coaching auch, dass der Vorgesetzte Macht abgeben muss, dafür macht das Führen von selbstbewussten Leuten viel mehr Spaß.

Blockade 2:
„Ich habe keine Ahnung von dem Thema, das der Mitarbeiter anspricht."
Dahinter steckt die Befürchtung, dass der Coach eine Frage nicht beantworten kann, und vielleicht die Angst davor, nicht perfekt zu sein. Beim Coaching ist genau das Gegenteil richtig: Je weniger der Coach inhaltlich Bescheid weiß, desto mehr kann er sich aufs Fragen konzentrieren, desto neugieriger und interes-

sierter wird er herangehen können. Oder wie es ein Coach einmal formulierte: „Man braucht das optimale Maß an Ignoranz."

Mangelnde Perfektion kann sich aber auch auf den kommunikativen Teil des Coachings beziehen. Hier ist es wichtig, dem Coach ein paar Tipps an die Hand zu geben, wie er sich in kritischen Situationen „retten" kann. Einige Beispiele:

- Offen sagen: „Ich bin im Moment etwas blockiert. Lassen Sie uns eine Pause machen."
- Die Situation reflektieren: „Wie erleben wir beide gerade das Gespräch? Was macht es so schwierig, zum Ziel zu kommen?"
- Nach Ähnlichkeiten bzw. Unterschieden fragen: Wann tritt dasselbe Problem noch auf, bzw.: Wann tritt das Problem nicht auf?
- Das Bisherige zusammenfassen und einen Blick auf die Ziele und den Auftrag werfen.
- Fremde Hilfe in Anspruch nehmen: einen Kollegen oder die Abteilung Personalentwicklung um Rat fragen.

Blockade 3:
„Ich will nicht in den Mitarbeiter eindringen und Gefahr laufen, ihn zu verletzen."

Blockade 4:
„Ich will mich nicht in die persönlichen Angelegenheiten des Mitarbeiters einmischen."

Mit anderen Worten: „Ich habe Angst, dass ich einen Fehler mache, dass ich mich blamiere und dass der Mitarbeiter mich nach dem Coaching nicht mehr mag." Wenn solche Befürchtungen bestehen, ist es sicherlich hilfreich, mit einem leichten Fall anzufangen oder einen Mitarbeiter zu coachen, zu dem eine gute Beziehung besteht.

Blockade 5:
„Ich habe keine Zeit zum Coachen."

Wird immer wieder gern genommen. Übersetzt heißt das: „Mir sind im Moment andere Dinge wichtiger" (was ja durchaus zutreffen kann). Manchmal heißt der wahre Grund für den Zeitmangel: „Mir ist das zu risikoreich. Ich weiß ja nicht, wie es ausgeht. Ich will die Kontrolle über die Situation haben. Was sagt mein Chef dazu, wenn unliebsame Entwicklungen eintreten?"

Vorausgesetzt, der Coach besitzt die innere Bereitschaft, dann sollte er sich überlegen, was ihm zusätzliche Sicherheit geben könnte. Das können zum Beispiel präzise Verabredungen darüber sein, wann und wie gecoacht wird.

Blockade 6:
„Dieser Mitarbeiter verändert sich doch sowieso nicht."
Hier haben wir es mit einem Beziehungsproblem zu tun, nach dem Motto: „Ich mag diesen Menschen nicht, ich komme nicht mit ihm zurecht, ich halte nicht viel von ihm." Es wäre ein Kunstfehler, bei dieser Konstellation die Coachingmethode einzusetzen. Hier muss erst das Vertrauensverhältnis wiederhergestellt werden.

Blockade 7:
„Es funktioniert doch auch so. Warum soll ich etwas ändern?"
Gute Frage. Buch in einem Jahr wieder lesen.

Widerstände in den betrieblichen Rahmenbedingungen

Nicht jede Unternehmens- oder Abteilungskultur ist „coachingfähig". Autoritäre Strukturen, welche die Ängste von Mitarbeitern schüren, verhindern das Entstehen von vertrauensvollen Beziehungen. Aber auch in höher entwickelten Kulturen gibt es Skepsis und Bedenken.

Bedenken 1:
„Ich will nicht, dass mein Chef/ das Unternehmen das alles über mich erfährt."
Und weiter: „Das kommt in eine Akte und wird irgendwann gegen mich verwendet." Dabei handelt es sich nicht unbedingt um ein Misstrauen gegen die Person des Vorgesetzten. Vielmehr haben erfahrene Mitarbeiter im Laufe ihres Berufslebens schon „Pferde kotzen sehen", als vertrauliche Informationen plötzlich ganz woanders aufgetaucht sind. Sie wissen nicht, ob Probleme, die im Coaching besprochen werden, bei einer Karriereentscheidung eine Rolle spielen. Hier helfen drei Dinge: erstens Offenheit, zweitens Offenheit und drittens Transparenz. Jeder Hauch des Geheimnisvollen oder Esoterischen sollte vermieden werden. Ein ausführliches Gespräch mit dem Mitarbeiter über Ziele, Nutzen, Vorgehensweise, Rahmenbedingungen und Ab-

läufe schafft die Geschäftsgrundlage, und mit der notwendigen Geduld entsteht dann ein fruchtbarer Beratungsprozess.

Bedenken 2:
„Ich komme alleine zurecht.
Ich weiß, was ich zu tun habe."
Damit sind wir beim Thema „Fehlerkultur". Wenn bisher im Unternehmen Fehler „bestraft" wurden, fehlt die Bereitschaft, dem Vorgesetzten eigene Schwächen zu gestehen. Hier ist es wichtig, Fehler in Lernchancen umzudefinieren, sich von der Betrachtungsweise „richtig" und „falsch" zu lösen und dies zu ersetzen durch „wirksam" und „nicht wirksam", Versuch und Irrtum als Vorgehensweise zuzulassen und eigene Fehler und Schwächen als Vorgesetzter zuzugeben. Auf diese Weise lässt sich die Fehlerkultur verändern.

Bedenken 3:
„Wie stehe ich vor meinem Mitarbeiter da,
wenn mir keine Lösung einfällt?"
Oder andersherum:
„Mit meinen Leuten geht das nicht."
Hier ist die Rolle der Führungskräfte angesprochen. In Unternehmen, in denen der Vorgesetzte seine Autorität aus überragendem Fachwissen bezieht, ist es schwierig, ein guter Coach für seine Mitarbeiter zu werden. Der Vorgesetzte sollte auf keinen Fall sein Verhalten von heute auf morgen ändern, sondern sukzessive sein fachliches und methodisches Wissen auf die Mitarbeiter verlagern und diese zu Selbständigkeit und Eigenverantwortlichkeit erziehen. Es bleibt für ihn selber dann noch genug übrig, woraus er seine Autorität als Führungskraft beziehen kann. Und er hat dann mehr Zeit, sich um seine Mannschaft zu kümmern.

Widerstände bei den Mitarbeitern

Auch die Mitarbeiter, die gecoacht werden sollen, können triftige Gründe haben, sich nicht darauf einzulassen. Natürlich sind diese Gründe zu respektieren, mit Gewalt geht gar nichts. Trotzdem ist es sinnvoll, die Sichtweisen der Mitarbeiter ein bisschen zu hinterfragen.

Sichtweise 1:
„Mein Chef kann mir dabei auch nicht helfen".
Und gedanklich fortgesetzt: „Der kriegt das selber auch nicht

hin." Vielleicht hilft ein etwas kreativerer Lösungsvorschlag: Lassen Sie sich von diesem Mitarbeiter coachen!

Sichtweise 2:
„Mein Chef geht sowieso ganz anders vor."
Damit will der Mitarbeiter sagen, dass sich seine Vorgehensweise bewährt hat und er keinen Änderungsbedarf sieht. Hier können in einem Gespräch die Unterschiede ausführlich erörtert – und akzeptiert werden.

Sichtweise 3:
„Das bringt doch alles nichts."
Solche Pauschalablehnungen deuten gewöhnlich auf ein Beziehungsproblem hin. Vielleicht denkt sich der Mitarbeiter, dass der Chef eine neue Masche gefunden hat, wie er seine Meinung noch raffinierter verkaufen kann. Wenn eine Erläuterung zum Coaching nichts bewirkt, dann sollte ein Gespräch über die Beziehung stattfinden.

Sichtweise 4:
„Mein Chef ist ein guter Kerl, daher tue ich ihm den Gefallen und lasse mich coachen."
Coaching funktioniert nur bei Problemen, in denen das „Herzblut" des Mitarbeiters drinsteckt. Der amerikanische Psychologe Steve de Shazer unterscheidet die Menschen, die ihn aufsuchen, nach „Besuchern", „Klagenden" und „Kunden".

Besucher sind von Dritten „geschickte" Menschen, weil sie nach Ansicht dieser Dritten ein Problem haben sollen. Aus ihrer eigenen Sicht haben sie aber gar keine Beschwerden. Anstatt als Coach diese Leute zu überreden, dass sie ein Coaching brauchen, sollte man sich einfach besuchen lassen, freundlich sein und auf das achten, was funktioniert (und nicht darauf, was nicht funktioniert). Denn sonst passiert es, dass sich zu dem unfreiwilligen Ratsuchenden ein unfreiwilliger Berater gesellt.

Der Klagende hat zwar ein Problem, will es aber (noch) nicht lösen. Er braucht erst mal jemand, bei dem er sich beschweren kann. Es wäre sinnlos, dem Klagenden etwas zu verkaufen, denn er will nichts „kaufen". Und nachdem er sich beschwert hat, geht es ihm auch schon viel besser. Der „Kunde" schließlich ist jemand, der wirklichen Leidensdruck hat und dem an einer echten Veränderung der Situation liegt.

Für das Coaching heißt das: Nur wenn dem Mitarbeiter sein Problem wirklich wichtig ist, kann der Coach auch, wie es ein Seminarteilnehmer formuliert hat, „seine Seele in die Fragestellung legen“. Doch auch Besucher und Klagende verdienen Wertschätzung und Interesse.

Teil 6

Coaching als Prozess

Coaching beginnt mit der Idee

Thomas Braun ist Leiter einer Controllinggruppe in der Betriebswirtschaftlichen Abteilung eines großen Dienstleistungsunternehmens. Die Firma hat vor einem halben Jahr ein kleineres Unternehmen übernommen, alle Mitarbeiter bekamen Übernahmeangebote. Dies haben jedoch nicht viele genutzt, weil damit ein Umzug von Kassel zum Hauptsitz nach Frankfurt verbunden war. Diejenigen, die das Angebot angenommen haben, wurden in bestehende Mitarbeitergruppen aufgenommen. In der Betriebswirtschaftlichen Abteilung hat man diesen Prozess zum Anlass genommen, die Gruppen insgesamt neu zusammenzustellen. Die Führungsspanne wurde vergrößert, aus vier Gruppen à sieben entstanden mit den neu Hinzugekommenen drei Gruppen à elf Mitarbeiter. In der neuen Gruppe von Thomas Braun arbeiten nun fünf Ehemalige, fünf aus anderen Gruppen und ein Mitarbeiter aus der übernommenen Firma.

Herr Braun ist 35 Jahre alt, Diplombetriebswirt und seit 3 Jahren Gruppenleiter. Er mag die Aufgabe; mit Menschen zusammenzuarbeiten macht ihm Spaß, und er ist immer bereit, Neues zu lernen. Vor einer Woche hat er an einem Seminar zum Thema „Coaching als Führungselement“ teilgenommen. Der Ansatz hat ihn spontan angesprochen. Besonders der Aspekt, dass er mit dieser Methode seinen Mitarbeitern helfen könnte, selbständiger zu arbeiten.

Es ist ein Freitag, Ende Juni, 19.00 Uhr abends. Thomas Braun hat die letzten Rücksprachemappen durchgearbeitet. Die von Klaus Sommer hat wieder am längsten gedauert. Ordentlich ausgearbeitete Statistiken, aber ohne jeden Kommentar. Herr Sommer ist der Mitarbeiter, der von der anderen Firma gekommen ist. „Wenn der selbständiger arbeiten würde, hätte ich heute eine Stunde früher gehen können", geht Thomas Braun durch den Kopf. Er blättert das Seminarprotokoll noch mal durch: Fachcoaching. Und er erinnert sich, was die Trainerin gesagt hatte: „Fachcoaching braucht keinen großen Vorlauf. Fangen Sie einfach an."

„Das mache ich", beschließt er. Gleich Montag.

Das erste Coachinggespräch – Fachcoaching

Der nächste Montag. Klaus Sommer (**S**) kommt um 14.00 Uhr zur vereinbarten Rücksprache. Thomas Braun (**B**) begrüßt ihn:

B.:
Guten Tag, Herr Sommer, nehmen Sie doch Platz. Ich habe am Freitagabend noch Ihre Rücksprachemappe durchgesehen. Dabei ist mir aufgefallen, dass Vorgänge dabei sind, die Sie eigentlich alleine entscheiden könnten. Deshalb möchte ich, dass wir die Dinge heute etwas ausführlicher besprechen, damit Sie sie künftig gar nicht mehr vorlegen müssen. Sind Sie einverstanden?

S.:
Ja, sicher ... (Klingt gar nicht sicher.)

B.:
Gut, fangen wir doch hiermit gleich an. Diese Statistik über die Geschäftsentwicklung des roten Sortiments im letzten Monat. Sie ist völlig richtig, was fehlt, ist nur Ihre Interpretation.

S.:
Ja, ich dachte, Sie schauen besser drüber, bevor ich

Empfehlungen gebe. Wenn etwas falsch ist, müsste man ja alles noch mal machen. Und sonst haben Sie doch immer das Fazit in Stichworten darauf geschrieben, und ich habe es dann noch ausformuliert.

B.:
Ja, das ist richtig. Und genau darüber möchte ich mit Ihnen sprechen. Weshalb soll ich Ihnen etwas vorgeben, das Sie auch können?

S.:
Ich weiß nicht, vielleicht haben wir ja ganz unterschiedliche Vorstellungen.

B.:
O.k., probieren wir es aus: Was ist Ihr Fazit aus der Entwicklung des letzten Monats?

S.:
Ja, also könnte ich noch einen Blick darauf werfen?

B.:
(Gibt ihm die Unterlagen.)

S.:
Nun, die Entwicklung bei den Standardprodukten läuft nach Plan. Wir haben zwar einen leichten Umsatzrückgang zum Vormonat, aber das dürfte an den Pfingstferien liegen. Im Vorjahresvergleich liegen wir gut. Problematisch sehe ich nur die Verkaufszahlen für unser neues Produkt. Es liegt weit hinter den Erwartungen.

B.:
Gut, und was empfehlen Sie?

S.:
Ich weiß nicht, vielleicht sollte man den Verkaufsleitern mehr Druck machen?

B.:
Wie würde der Vertriebsleiter regieren, wenn Sie ihm diesen Vorschlag machen würden?

S.:
Ich? Nein. Das meinen Sie doch nicht ernst?

B.:
Meinen Sie den Vorschlag, mehr Druck zu machen, ernst?

S.:
Nein, das ist natürlich weder unsere Aufgabe noch sonderlich originell. Aber ich weiß wirklich nicht, was man da machen soll. Wir sind doch für das Controlling zuständig und nicht für den Vertrieb.

B.:
Genau. Und deshalb müssen wir Ideen liefen, die wir aus den Daten ableiten. Wenn Sie sich die Regionalverteilung anschauen: Was fällt Ihnen auf?

S.:
West, Mitte und Süd liegen schlecht. Ost ist katastrophal. Nur Nord, der Nordbereich ist der einzige, der auch bei den neuen Produkten gut liegt. Er liegt sogar über dem Zeitziel...

B.:
Gut. Was machen wir damit?

S.:
Wir sollten der Vertriebsleitung empfehlen, mit allen Regionalleitern zu sprechen und sich über Unterschiede im Vorgehen in den Bereichen auszutauschen.

B.:
Der Vorschlag ist gut. Wie können wir das noch unterstützen?

S.:
Wir könnten noch die Personal- und Kostenentwicklung nach Regionen aufschlüsseln, vielleicht ergeben sich daraus noch weitere Anhaltspunkte. Und dann müsste das Ganze optisch gut aufbereitet werden...

B.:
Sehr gut. Können Sie das vorbereiten?

S.:
Nun, das dauert natürlich ein paar Tage. Aber bis Donnerstag könnte ich es schaffen.

Die anderen Rücksprachepunkte sind schneller abgehandelt. Auch bei diesen Fällen gibt Thomas Braun keine fertigen Lösungen, sondern stellt Fragen zur Lösung. Die Rücksprache endet gegen 16.00 Uhr.

B.:
Ja, Herr Sommer, das war's für heute. Nun habe ich noch eine Bitte: Versuchen Sie doch, die nächsten Rücksprachen gleich so vorzubereiten, dass ich Ihre Ideen erkenne.

S.:
Ja, wenn Sie das möchten.

B.:
Ja, ich möchte Sie gerne unterstützen, damit Sie hier noch selbständiger arbeiten können. Brauchen Sie noch etwas dazu?

S.:
Nein, das kann ich machen.

B.:
Prima, also: Nur Mut, ich denke auch, Sie können das.

S.:
Na, dann bis zum nächsten Mal.

Nachdem Herr Sommer sich verabschiedet hat, denkt Thomas Braun über sein erstes Coachinggespräch nach:

Das mit dem „Fragen statt sagen" hat ja gut geklappt. Der Sommer kann es doch besser, ich als dachte. Der Vorschlag, alle Regionalleiter einzuladen, ist zwar etwas ungewöhnlich, aber gut. Komisch, dass er sowas nicht schon früher gesagt hat. Ob ich ihn hätte mehr loben sollen? Na ja, zum Schluss ist es mir ja noch eingefallen. Nächstes Mal beginne ich damit, wenn er tatsächlich die Rücksprache gleich mit Ideen vorbereitet.

Fortsetzung des Fachcoachings

Montag, Anfang Juli, 16.00 Uhr

B.:
Hallo, Herr Sommer. Ich habe mir Ihre grafische Darstellung der Geschäftsentwicklung angesehen. Sie ist wirklich gut gelungen, übersichtlich, man erkennt Wesentliches auf einen Blick.

S.:
Na ja, das war ja nicht so schwierig.

B.:
Seltsam, dass Sie das sagen. Ich hatte, offen gesagt, den Eindruck, Sie wären fachlich noch ziemlich unsicher und würden mir deswegen alles vorlegen. Jetzt sagen Sie zu einer Aufgabe, die ich nicht als Routine ansehe, sie sei nicht schwierig. Wie hängt das zusammen?

S.:
Herr Braun, machen wir uns doch nichts vor: Ich bin hier der Neue. Der Einzige, der von der alten Firma kommt. Hier sind die Pfründen verteilt, und mein Platz ist der ganz unten.

B.:
So sehen Sie das?

S.:
Wie denn sonst? Und es ist auch o.k., das war mir klar, als ich das Übernahmeangebot angenommen habe. Und Sie haben mir ja in den ersten Wochen auch schnell klar gemacht, wie hier der Hase läuft.

B.:
Was meinen Sie damit?

S.:
Meine erste Ausarbeitung über die blaue Produktreihe. Erinnern Sie sich? Ich hatte empfohlen, die Werbung zu intensivieren, weil die Produkte im Verkauf weit hinter den Erwartungen zurücklagen. Und da hatten Sie gesagt, ich solle erstmal lernen, saubere Analysen zu liefern, bevor ich mir den Kopf der Geschäftsleitung zerbreche.

B.:
Oh ja, ich erinnere mich. Da hatten doch wirklich Daten gefehlt, oder?

S.:
Ja, schon. Aber dass Sie deswegen den ganzen Vorschlag abgelehnt haben, hat mir schon deutlich gemacht, wo Sie meine Aufgabe sehen – und wo nicht.

B.:
Ich hatte nicht gedacht, dass dieser Satz solche Wirkung hat. Vielleicht war ich da etwas heftig. Es tut mir leid, wenn ich Sie damit gekränkt habe, das war nicht meine Absicht.

S.:
Ist o.k., ich will nicht weiter darauf herumreiten.

B.:
Ist denn jetzt klar geworden, wie ich mir die Zusammenarbeit vorstelle?

S.:
Ja, ich denke, Sie wollen fertige Ausarbeitungen mit meinen Vorschlägen – und die am besten so, dass Sie sie gleich weitergeben können.

B.:
Ja. Ist das denn auch, was Sie sich vorstellen?

S.:
Ja, sicher.

B.:
Das klingt nicht sehr zufrieden.

S.:
Nein, das ist so in Ordnung.

B.:
Gibt es etwas, worüber wir sprechen sollten?

S.:
Nein, wollen wir nicht die anderen Punkte besprechen?

Die beiden sprechen über die anderen Fachthemen, die sich aus der Rücksprachemappe ergeben. Thomas Braun ist das Fragen schon fast in Fleisch und Blut übergegangen. Leicht gemacht hat ihm das Herr Sommer, der offen auf alle Fragen eingeht und zunehmend deutlich macht, dass er inhaltlich gute Ideen hat.

Zum Abschluss ist Herrn Sommers bevorstehender Urlaub noch Thema:

B.:
Also, Herr Sommer, das war wirklich gut. Ich freue mich, dass sich unsere Zusammenarbeit so positiv gestaltet. Bitte machen Sie weiter so.

S:.
Ja, das geht klar. Aber jetzt werden Sie drei Wochen ohne mich auskommen müssen.

B.:
Richtig, Sie gehen ja in Urlaub. Das hatte ich beinahe vergessen. Wohin geht es denn?

S.:
Ab nach Kassel! (Lacht.) Meine Familie lebt doch in Kassel, und wir freuen uns schon alle darauf, dass wir wieder mal alle zu Hause sind. Deshalb fahren wir dieses Jahr nicht weg, sondern wollen einfach zusammen wohnen. Wir haben da ein Haus mit kleinem Garten, da können wir grillen oder mit den Kindern Fahrrad fahren, ins Schwimmbad gehen, zusammen kochen... Ich freue mich richtig darauf.

B.:
Sie pendeln jedes Wochenende. Ist das nicht sehr anstrengend?

S.:
Nein, das geht schon. Ein Umzug kommt für uns nicht in Frage. Wir haben alle Freunde und Verwandte in Kassel, die Kinder gehen da zur Schule, und dann das Haus...

B.:
Also ich hab´ das während meiner Studienzeit gemacht, jedes Wochenende pendeln. Und ich bin froh, dass die Zeit vorbei ist. Wenn ich nur an die Abende denke, wenn ich alleine in meinem

Zimmer gesessen habe. Da fällt mir ein: Hätten Sie vielleicht Lust, dass wir zusammen noch etwas trinken gehen?

S.:
Ja, gerne.

Und so endet dieses Gespräch in einem Gartenlokal um die Ecke. Thomas Braun und Klaus Sommer reden nicht mehr über die Arbeit, sondern über die Studienzeit, über schöne Urlaube und über Frankfurt. Was man da alles machen kann und was Klaus Sommer nach einem halben Jahr noch nicht kennengelernt hat.

Am nächsten Tag denkt Thomas Braun über das Coachinggespräch nach:

Na ja, das mit dem Fragen klappt inzwischen hervorragend. Und der Klaus Sommer ist nicht nur fachlich fit, der ist sogar richtig nett. Nur komisch, dass er so kurz angebunden war, als ich ihn gefragt habe, ob er zufrieden ist. Irgendwie wollte er wohl nicht darüber reden. Wahrscheinlich macht ihm das mit der Fahrerei doch mehr aus, als er zugeben will. Und von Frankfurt hat er noch überhaupt nichts gesehen. Der Abend in der Gartenkneipe hat ihm gut gefallen, da ist er das erste Mal richtig aus sich raus gegangen. Vielleicht erzählt er mir ja nächstes Mal, was los ist. Wenn er fachlich weiter so gut arbeitet, kann ich ihm ja anbieten, ihn zu seiner persönlichen Situation zu beraten; die Pendelei muss endlich ein Ende haben.

Der Abschluss des Fachcoachings – und ein missglückter Start im Beziehungscoaching

Montag, Ende August

Herr Sommer und Herr Braun treffen sich nachmittags zur ersten längeren Rücksprache nach Herrn Sommers Urlaub. Dazwischen war nur Zeit für kurze Gespräche, im Wesentlichen Arbeitsaufträge. Die Statistik, die Herr Sommer heute vorlegt, ist völlig richtig, er hat zu allen wichtigen Punkten Lösungsvorschläge gemacht und sogar Grafiken zu interessanten Details ausgearbeitet und gleich beigefügt. Allerdings ist eine große Ausarbeitung, die Herr Braun vor einer Woche in Auftrag gegeben hatte, nicht dabei.

B.:
Ja, Herr Sommer, ich kann nur sagen: Ihre Ausarbeitungen sind wieder hervorragend. Ich bin sehr zufrieden damit. Lassen Sie es gleich hier, ich gebe es direkt an die Geschäftsleitung weiter.

S.:
Danke.

B.:
Was ist denn aus dem Vorgang geworden, den ich Ihnen letzte Woche gegeben habe?

S.:
Tut mir leid, das habe ich wirklich nicht mehr geschafft.

B.:
Woran liegt es?

S.:
Ich konnte letzte Woche nicht so lange arbeiten. Irgendwie war um sechs die Konzentration vorbei, und ich bin zweimal früher gegangen.

B.:
Sie arbeiten unter der Woche sonst meistens bis acht Uhr. Ich habe mich schon gewundert, warum Sie sich die Arbeitszeit so einteilen.

S.:
Ja, ich versuche möglichst viel Zeit mit meiner Familie zu verbringen. Abends und morgens ist der Weg nach Kassel zu weit. Und so nutze ich unsere flexible Arbeitszeit und fahre freitags schon nach dem Mittagessen und komme erst Montagmittag. Das hole ich dann unter der Woche nach.

B.:
Und das funktioniert jetzt nicht mehr?

S.:
Nein, machen Sie sich keine Sorgen. Das war nur die Umstellung nach dem Urlaub. Nächste Woche habe ich das wieder im Griff.

B.:
O.k., wenn Sie sicher sind, dass Sie das lösen können?

S.:
Ja, kein Problem.

B.:
Ich möchte noch ein anderes Thema ansprechen: Ich hatte Ihnen vor zwei Monaten ja gesagt, dass ich unsere Form der Rücksprachen verändern möchte, damit Sie selbständiger arbeiten können. Mein Eindruck ist, dass das sehr gut funktioniert hat. Jetzt interessiert mich, wie Sie das sehen.

S.:
Ja, das war gut. Es hat mir schon geholfen zu erfahren, wie groß Sie die Spielräume in meinem Arbeitsgebiet sehen. Und ich habe, wenn ich darüber nachdenke, dabei viel gelernt: worauf Sie bei Statistiken achten und welche Vorschläge hier eine Chance haben und welche nicht. Ich kann mich jetzt hier viel besser orientieren.

B.:
Sollen wir so weitermachen?

S.:
Sie meinen, dass Sie mir keine Antworten geben, wenn ich frage?

B.:
(Lacht.) Das ist Ihnen aufgefallen?

S.:
Ja, klar. Und es ist gut. Ich möchte ja schon zeigen, was ich kann. Also von mir aus können wir so weitermachen.

B.:
Das freut mich, dass Sie das sagen. Aber ich sehe immer weniger Anlass, so selbständig, wie Sie inzwischen arbeiten. Gibt es denn aus Ihrer Sicht einen Punkt, über den wir sprechen sollten?

S.:
Ja, da ist etwas, allerdings nichts Fachliches.

B.:
Ja?

S.:
Ich würde gerne mit Ihnen über Entwicklungsmöglichkeiten sprechen.

B.:
Gut. Worum genau geht es Ihnen?

S.:
Ich würde, damit ich meine berufliche Perspektive besser einschätzen kann, von Ihnen gerne wissen: Wie könnte ich zukünftige Entwicklungen in der Firma für mich und mein berufliches Fortkommen nutzen? Wir haben ja, auch durch die Übernahme meiner alten Firma, viele Veränderungsprozesse; es gibt neue Aufgaben, neue Funktionen, neue Positionen, und da würde ich gerne wissen, wie ich das nutzen könnte.

B.:
Ist das Ziel dieser Beratung, dass Sie mögliche Entwicklungsrichtungen für sich erkennen können?

S.:
Ja, so könnte man es sagen.

B.:
Ich will Ihnen gerne Möglichkeiten aufzeigen. Dazu muss ich aber auch Ihre Überlegungen erfahren. Gibt es denn einen Grund, weshalb Sie gerade jetzt über das Thema nachdenken?

S.:
Ich würde gerne von Ihnen wissen: Mit der Übernahme meiner alten Firma war ja eine Zentralisierung verbunden.
Denken Sie denn, es wird wieder eine Dezentralisierung geben?

B.:
Diese Frage ist sehr schwierig zu beantworten, Herr Sommer, weil auch ich nicht in die Zukunft schauen kann. Aus heutiger Sicht ist aber klar erkennbar, dass wir durch die Zusammenlegung und Zentralisierung auf den Standort Frankfurt klare Synergieeffekte gewonnen haben und die auch weiter nutzen werden.

S.:
Also sind Sie der Ansicht, dass sich kurz- bis mittelfristig wohl eher nichts ändern wird?

B.:
Ich gehe davon aus, ja. Möchten Sie denn weg von Frankfurt?

S.:
Ach, ich weiß nicht. Jetzt im Urlaub habe ich es sehr genossen, einfach zu Hause zu sein. Meine Frau, die Kinder – das war doch etwas ganz anderes als hier die ganze Woche alleine.

B.:
Also, Herr Sommer, das kann ich wirklich gut nachvollziehen. Aber das klingt mir eher danach, als ob Sie über einen Umzug nachdenken sollten.

S.:
Ja, jetzt ist schon ein dreiviertel Jahr vorbei, wir müssten wohl allmählich eine Entscheidung treffen.

B.:
Prima, dann schlage ich vor, wir sprechen nicht über Personalentwicklung – denn dass wir nach Kassel gehen, sehe ich nun wirklich nicht -, sondern über Ihren „Familiensitz".

S.:
Ja, wenn Sie meinen.

B.:
Klar, ich helfe Ihnen doch gerne. Also: Wieso sind Sie eigentlich nicht schon längst umgezogen?

S.:
Nun ja, da ist zuerst einmal meine Frau. Die hat ihre gesamte Verwandtschaft in Kassel, die Freunde, und die Kinder...

B.:
Und wo bleiben denn Sie bei der Betrachtung?

S.:
Ja, ich fände das natürlich schöner, wenn wir wieder alle zusammen sind. Und den Beruf will ich auch behalten, wir brauchen ja auch das Geld. Und mit Ende 40 ist es ohnehin nicht so einfach, etwas Neues zu finden, und das auch noch in Kassel.

B.:
Darüber bin ich jetzt nicht so traurig, ich möchte nämlich gerne, dass Sie hier bleiben. Haben Sie diese Argumente denn schon Ihrer Frau gesagt?

S.:
Ja, sicher, aber sie hat eben auch gute Argumente. Und dann der ganze Aufwand, eine Wohnung zu finden, die hohe Miete hier, das Haus verkaufen...

B.:
Also, da kann ich Ihnen doch helfen. Hier, warten Sie... (holt eine Visitenkarte aus dem Schreibtisch). Das ist der Makler, mit dem unser Haus schon lange zusammenarbeitet. Der findet nicht nur eine Wohnung für Sie, der verkauft auch Ihr Haus. Die Maklerkosten übernimmt natürlich die Firma. Und wenn Sie einen Mietzuschuss für eine Übergangszeit brauchen, da kann ich auch mit dem Chef reden.

S.:
Ja, schönen Dank, ich bespreche das am Wochenende mit meiner Frau.

B.:
Ja, tun Sie das. Jetzt bin ich nur noch diese Woche hier und dann zwei Wochen in Urlaub. Und danach erzählen Sie mir, wie es ging.

S.:
Ja, danke.

Auch nach diesem Gespräch denkt Herr Braun wieder über den Verlauf nach:

Das mit dem Fachcoaching hat sich wirklich bewährt. Ich hätte gar nicht gedacht, dass es dem Klaus Sommer aufgefallen ist. Und dass er es sogar gut findet, mehr hätte ich mir nicht besser wünschen können. Dass er mir von seinem privaten Problem erzählt hat, sehe ich auch als gutes Zeichen; er hat Vertrauen zu mir.

Freitag dieser Woche,

es ist Herrn Brauns letzter Arbeitstag vor dem Urlaub. Ihm fällt auf, dass er das Projekt, das Herr Sommer nun seit zwei Wochen in Auftrag hat, noch nicht bekommen hat. Als er ihn darauf hin anspricht, bekommt er es, mit vielen Entschuldigungen – und nur halb fertig. Herr Braun ist enttäuscht – und in Eile. Er muss noch vieles am letzten Tag erledigen, und so gibt er die halb ausgearbeitete Studie seinem Stellvertreter. Der muss sie jetzt mit Hochdruck fertigmachen.

Am Abend, alles ist soweit erledigt, ist Thomas Braun alleine im Büro. Er schaut noch auf die Arbeitszeitkonten des letzten Monats. Klaus Sommer hat 60 Stunden Minus. „Kein Wunder, dass er mit der Arbeit nicht fertig wird."

„Mist! Das läuft wohl doch nicht so gut, wie ich dachte. Ist das ein Zufall? Oder habe ich etwas falsch gemacht?" Er erinnert sich wieder an das letzte Coachinggespräch. „Der Klaus Sommer wollte ja eigentlich über Personalentwicklung reden, über eine Stelle in Kassel. Dass seine Familie umziehen soll, war wohl mehr meine Idee als seine. Ob das das Problem ist?"

Er beschließt, nach seinem Urlaub zur Abteilung Personalentwicklung zu gehen. Die Trainerin hatte im Coaching-Seminar ja ausdrücklich Beratung angeboten, wenn Fragen oder Probleme auftauchen.

Expertentipp: Coaching bei Ambivalenzen

Ambivalenzen, also das gleichzeitige Wollen und Nichtwollen oder Gefühle, die sich gleichzeitig widersprechen (z.B. Hassliebe), sind häufig Gegenstand in Beratungs- oder Coachinggesprächen. Die Grundformen solcher Ambivalenzen sind:

A Ich will etwas – und will auch etwas anderes,
z.B.: Ich will mich heute Abend ausruhen und faulenzen – und ich will das Theaterstück sehen, das nur noch heute Abend läuft.

B Ich will etwas – und will eine unvermeidliche Folge davon nicht,
z.B.: Ich will eine Familie – und ich will mein Single-Leben nicht aufgeben.

In der Regel erkennt der Ratsuchende die Alternativen zur Fragestellung nicht. Ihm stellt sich das Problem ausschließlich als

Pro oder Kontra, als Entweder–oder dar, also: Bleibe ich heute zu Hause oder gehe ich ins Theater? Heirate ich oder bleibe ich Single? Dabei sprechen für jede der Alternativen etwa gleich gute Gründe, denn sonst könnte er sich ja entscheiden.

Das Verführerische für Berater ist, in dieser Situation Position für eine der beiden Seiten zu beziehen. Die Gefahr ist dann besonders groß, wenn der Coach schon einmal vor einer ähnlichen Frage stand und sie für sich zufriedenstellend durch eine Entscheidung für die eine oder andere Seite gelöst hat. Die Gefahr, hier Tipps zu geben, statt zu coachen, ist enorm. Und wenn der Coach in diese Falle tappt, wird im Fortgang des Gespräches unvermeidlich die Balance des Nicht-entscheiden-Könnens wiederhergestellt werden. Denn wenn der Ratsuchende sich für eine Seite entscheiden könnte, wäre die Frage nicht Gegenstand des Coachings geworden. Sicher hat er im Vorfeld schon alle Pros und Kontras, die ihm eingefallen sind, abgewogen. Also wird der Coachee, sobald der Coach gute Argumente für A bringt, alle Argumente für B sagen – und umgekehrt. Wenn die beiden das eine Weile machen, landen sie entweder gemeinsam in einem wahren Dschungel von Entweder-oder-Argumenten, oder der „Coach" hält den Ratsuchenden für einfach uneinsichtig. („Wem nicht zu raten ist, dem ist nicht zu helfen".) Wahrscheinlicher noch ist, dass der Coachee irgendwann erkennt, dass ihm dieses Gespräch nicht weiterhilft, und er wird es mehr oder weniger höflich beenden: ausdrücklich oder durch einen Themenwechsel oder durch eine vordergründige Zustimmung.

Was kann ein Coach tun, wenn er die Ambivalenz erkennt?

Durchbrechen Sie das „Kreiseln" der Pro-und-Kontra-Argumentation. Schlagen Sie dem Mitarbeiter vor, zunächst einmal beide Seiten ausführlich und exklusiv zu betrachten. Also: Was spricht für A, was dagegen, dann: Was spricht für B, was dagegen? Wenn es sich um viele Aspekte handelt, ist es gut, die Argumente mitzuschreiben und auch für den Mitarbeiter sichtbar zu machen. Fragen Sie nach jedem Schritt, ob er vollständig beleuchtet wurde. Zum Schluss fassen Sie das Wesentliche zusammen, z.B.: „Die wichtigsten Punkte für A sind... Für B spricht hauptsächlich... Wie sehen Sie jetzt die Gewichtung beider Positionen? In Prozent ausgedrückt: Wie schwer liegt die Waagschale auf der einen und der anderen Seite?"

Häufig verhilft diese gleichwertige Betrachtung schon zu klareren Sichtweisen. Wenn die Waagschale auch danach noch bei 50:50 steht und der Mitarbeiter nicht selbst auf alternative Ideen kommt, empfiehlt sich:

- die Zeitperspektive zu erweitern: „Nehmen wir an, Sie würden sich heute entscheiden und blicken (je nach Thema: nächste Woche, nächstes Jahr, in zehn Jahren, zum Ende Ihres Arbeitslebens...) auf Ihre Entscheidung zurück: Wann war sie richtig? Was wurde damit in die Wege geleitet / erreicht?"
- vom schwarz-weißen Pro und Kontra auf die Schattierungen zu kommen: Wie sieht ein „Sowohl-als-auch" aus? Und wie ein „Weder-noch"?

Sowohl-als-auch:
Welche Wege gibt es, beides zu erreichen? Z.B. heute ins Theater gehen und morgen ausschlafen und später zur Arbeit kommen? Oder heute faulenzen und das Theaterstück nächsten Monat in einer anderen Stadt sehen?

Weder-noch:
Welche weiteren Möglichkeiten gibt es, die Ziele: Entspannen und Erlebnis zu erreichen? In die Sauna gehen? Mit der Freundin essen gehen?

Gute Berater spielen mit diesen Mischformen. Der Coach hilft zunächst bei der Positionsklärung und wechselt dann die Seiten, z.B. vom Entweder-oder zum Sowohl-als-auch. Er bezieht nur dann Position für eine Pro- oder Kontra-Seite, wenn er bewusst den Widerspruch provozieren will. Das ist dann besonders sinnvoll, wenn jemand sich plötzlich gar nicht mehr ambivalent, sondern im Gegenteil ganz überzeugt von dem nur vermeintlich einzigen möglichen Weg zeigt – und Alternativen nicht (mehr) zu denken wagt.

- Schließlich ist eine der wichtigsten Coachingformen bei Ambivalenzen die Frage nach dem, was geschieht, wenn nichts geschieht. „Was macht den Druck, diese Entscheidung jetzt zu treffen? Wie entwickeln sich die Dinge, wenn Sie ihnen noch etwas Zeit lassen?"

Beziehungscoaching – der zweite Versuch

Mittwoch, Mitte September:

Nach der Beratung durch die Personalentwicklerin ist Thomas Braun entschlossen, das Thema des letzten Gespräches noch einmal aufzugreifen – und diesmal nicht Position zu beziehen, schon gar nicht in die Richtung, die ihm am liebsten wäre. Er hat sich nun gut auf das Gespräch vorbereitet und im Vorfeld angekündigt, dass er mit Klaus Sommer nicht über Vorgänge sprechen will, sondern einen Termin vereinbart, der ausschließlich für seine persönlichen Themen reserviert ist. Thomas Braun ist zwar besorgt, weil die Minusstunden von Herrn Sommer inzwischen auf 80 angewachsen sind, aber er hat sich vorgenommen, das in einem anderen Gespräch zu klären. Heute will er nur das (wie er inzwischen weiß) verwackelte Coaching vom letzten Mal besser machen, und er hofft, dass damit auch das Vertrauen des Mitarbeiters wieder wächst.

B.:
Herr Sommer, schön, dass Sie da sind. Ich habe über unser letztes Gespräch noch länger nachgedacht und, ehrlich gesagt, ich denke jetzt, dass ich kein allzu guter Berater in der Frage Ihrer Personalentwicklung war. Der Gedanke, Sie sollten mit Ihrer Familie nach Frankfurt ziehen, war einfach mein Wunsch. Aber inzwischen sehe ich, dass Ihnen mit meinen Wünschen nicht weitergeholfen ist. Ich möchte Ihnen heute anbieten, dass wir Ihr Thema „Personalentwicklung" in Ruhe angehen. Wollen Sie das?

S.:
Danke, dass Sie sich soviel Mühe geben. Ja, ich war, offen gesagt, nach dem letzten Gespräch nicht viel weiter als vorher. Mich hat schon nachdenklich gemacht, mit welcher Sicherheit Sie gesagt haben, meine Familie müsse hierher ziehen. Klar, damit wären meine Probleme mit der Fahrerei und dem Alleinsein hier gelöst – aber das ist eben nicht alles.

B.:
Welches Ziel hat für Sie unser Gespräch heute?

S.:
Ich möchte schon noch mal über Entwicklungsmöglichkeiten mit Ihnen sprechen, aber nicht heute. Denn das ist mir immerhin nach unserem letzten Gespräch klar geworden: Wir müssen die Wohnortfrage jetzt dringend klären.

B.:
Heißt das, wir sprechen darüber, was dafür und was dagegen spricht, dass Ihre Familie hierher zieht?

S.:
Ja, das wäre mir recht.

B.:
Wann wäre dieses Gespräch für Sie erfolgreich verlaufen? Welches Ergebnis hätten wir am Ende?

S.:
Ich erwarte nicht, dass ich die Antwort am Ende dieses Gespräches schon weiß. Mir würde schon helfen, wenn ich die Richtung erkennen würde.

B.:
Die Richtung für die Lösung in der Wohnortfrage?

S.:
Ja, ich bin ja im Moment selbst ganz unentschieden. Wenn ich sicherer wäre, könnte ich meine Familie wahrscheinlich auch überzeugen. Aber zur Zeit weiß ich wirklich nicht, was besser ist.

B.:
O.k., dann mache ich Ihnen einen Vorschlag zum Vorgehen: Wir betrachten die verschiedenen Seiten zunächst einmal ganz in Ruhe. Was spricht dafür, dass Sie alleine hier bleiben – und was spricht dafür, dass Ihre Familie hierher zieht.

S.:
Ja, das kann ich mir vorstellen.

B.:
Stimmt denn die Alternative, so wie ich sie verstanden habe: A heißt: Sie bleiben weiter alleine in Frankfurt, B heißt: Ihre Familie kommt hierher? Oder gibt es noch andere Varianten?

S.:
Nein, das stimmt so. Pendeln und das Glück am Wochenende, oder wir sind hier zusammen, aber unzufrieden.

B.:
Gut, dann beleuchten wir also beide Seiten nacheinander. Womit möchten Sie beginnen?

S.:
Mit der Seite, dass alles bleibt, wie es ist.

B.:
Also, was spricht dafür, dass alles bleibt, wie es ist?

S.:
Meine Familie ist in Kassel happy. Die Kinder haben ihre Freunde, sie brauchen die Schule nicht zu wechseln, meine Frau ist bei ihren Freunden und Verwandten, und wir haben zusammen schöne Wochenenden. Ich treffe dann auch meine alten Freunde. Ich bin in Kassel im Segelflugverein, da bin ich auch im Vorstand. Wir testen neue Modelle und haben letzten Sommer sogar den 2. Preis bei den hessischen Meisterschaften gewonnen.
Ja, da fühle ich mich einfach wohl.

B.:
Und was spricht dagegen?

S.:
Die Fahrerei am Wochenende; in der letzten Zeit bin ich regelmäßig in den Stau hinter dem Frankfurter Kreuz geraten, und das Alleinsein hier. Ich habe hier ein möbliertes Appartement, zugegeben sehr praktisch, aber nichts zum Wohlfühlen. Damit ich am Wochenende möglichst viel Zeit habe, muss ich unter der Woche lange bleiben. Meistens sehe ich dann nur noch fern und gehe schlafen.
Es ist einfach öd.

B.:
Danke, ich kann mir das jetzt gut vorstellen. Lassen Sie uns noch den Blick auf die andere Möglichkeit lenken:
Was spricht dafür, dass Ihre Familie hierher kommt?
Gibt es noch Aspekte, die nicht nur die Umkehrseite sind?
Bitte schauen Sie auch hier zunächst nur auf die positiven Auswirkungen.

S.:
Ja, sicher. Wenn meine Familie hier wäre, hätte ich wieder ein ganz normales Leben. Ich könnte auch unter der Woche etwas mit ihnen unternehmen, wir könnten zusammen die Stadt kennenlernen, vielleicht neue Freunde finden. Ja, und die Kinder, die könnten hier später vielleicht studieren und leichter Arbeit finden.

B.:
Wie sieht die andere Seite aus? Was spricht gegen den Umzug?

S.:
Na ja, jetzt habe ich es rosarot gemalt, es könnte aber auch grau in grau sein. Dann sind meine Frau und die Kinder unglücklich, weil sie ihre Beziehungen verloren haben, sie wollen oder können sich nicht an die Großstadt gewöhnen, meine Frau sorgt sich um ihre Mutter, die dann alleine ist, und – jetzt bin ich unsicher, wie offen ich mit Ihnen sprechen kann...

B.:
Bitte, sprechen Sie ganz offen. Ich verspreche Ihnen, dass das, was Sie mir in diesem Gespräch erzählen, absolut unter uns bleibt. Ich habe mir vorgenommen, Sie dieses Mal besser zu beraten. Und das fließt nicht in Beurteilungen.

S.:
Gut, ich vertraue Ihnen, und ich bin auch ganz froh, dass ich es Ihnen sagen kann: Ich bin nicht sicher, ob ich hier bleiben soll. Ob nicht alles viel einfacher wäre, wenn ich wieder Arbeit in der Kasseler Gegend finden würde. Ich habe mich, unter uns gesagt, auch schon beworben. Und dann wäre der Umzug meiner Familie ja völlig sinnlos.

B.:
(Holt erst einmal Luft.) Meine Güte, dass es so schlimm ist, habe ich nicht gedacht. Ich bin jetzt ganz unsicher, ob wir weiter über das Pro und Kontra des Umzuges ihrer Familie sprechen sollen – oder nicht besser darüber, warum Sie über einen beruflichen Wechsel nachdenken.

S.:
Nein, deswegen wollte ich es ja erst nicht erwähnen. Es hilft mir, wenn wir zunächst einfach bei dem Thema Umzug bleiben. Denn das drückt mich schon sehr.

B.:
Sie sind sicher?

S.:
Ja, ganz sicher, bitte lassen Sie uns da weitermachen. Ich sage ja nicht, dass ich kündigen will, es geht mir nur eben auch durch den Kopf. Und irgendwie hängt sowieso alles mit allem zusammen.

B.:
O.k., dann versuche ich mal eine Zusammenfassung: Sie haben sich das Leben in Frankfurt eingerichtet wie jemand, der zu Besuch ist. Kurzfristig praktisch, langfristig unmöglich. Ich denke, der Zustand ist so nicht mehr haltbar. Gleichzeitig sehe ich Ihre Argumente auf beiden Seiten ziemlich gleich mächtig. Sie unterscheiden sich im Wesentlichen danach, ob Sie die rosarote oder die graue Frankfurtbrille aufsetzen.

S.:
Ja, genau so ist es. Und ich weiß nicht, welche Brille die richtige ist.

B.:
Vielleicht sind ja beide falsch. Versuchen wir es doch mal mit weiß, hellblau oder grün.

S.:
Bitte?

B.:
Ich möchte Ihnen drei andere Brillen anbieten: 1. Was geschieht, wenn nichts geschieht? Wenn Sie jetzt keine Entscheidung treffen?

S.:
Das geht mir auf die Knochen. Lange halte ich diese Zerrissenheit nicht mehr aus.

B.:
Und wie sieht die Weder-noch-Variante aus? Ihre Familie zieht nicht um, und Sie leben nicht mehr wie auf Besuch?

S.:
Ich müsste mir hier eine richtige Wohnung nehmen. Und vielleicht nur jedes zweite Wochenende nach Hause fahren, oder dreimal

im Monat. Ich würde versuchen, hier Freunde zu finden und ein normales Leben zu führen.

B.:
Wie gefällt Ihnen diese Vorstellung?

S.:
Zugegeben, besser als die Situation jetzt, aber eigentlich ist es das nicht, was ich will.

B.:
Und die dritte Möglichkeit: Die Sowohl-als-auch-Version: Ihre Familie kommt her, aber nicht nach Frankfurt. Sie suchen sich ein Haus im Umland, in einer kleineren Stadt, vielleicht eine mit Segelflugverein...

S.:
(Lacht.) Ja, das würde mir schon besser gefallen. Und meiner Familie wahrscheinlich auch. Wenn ich wüsste, dass ich hier bleibe...

B.:
Wollen wir jetzt doch über dieses Thema sprechen?

S.:
Nein, das ist jetzt zu viel. Ich möchte über das Ganze noch mal nachdenken. Ihre hellblaue und die grüne Brille, die haben etwas. Vielleicht ist das die Richtung. Ich möchte am Wochenende darüber mit der ganzen Familie sprechen. Können wir uns nächste Woche wieder zusammensetzen?

B.:
Ja, gerne. Haben wir denn das Ziel für das Gespräch heute erreicht?

S.:
Ja, ganz herzlichen Dank dafür.

Herr Braun beendet das Coaching und spricht anschließend noch einen anderen Punkt an:

B.:
Herr Sommer, jetzt habe ich in meiner Aufgabe als Ihr

Vorgesetzter noch einen Punkt: Mir ist aufgefallen, dass Ihr Arbeitszeitkonto 80 Minusstunden hat. Ich denke jetzt, dass wir über das Thema nächste Woche ausführlicher sprechen. Können Sie mir bis dahin zusagen, Ihr Minus abzubauen, zumindest nicht weiter zu steigern?

S.:
Ja, das geht klar. Schon als Dankeschön für Ihre Beratung werde ich Sie nicht hängen lassen.

Thomas Braun reflektiert wieder anschließend das Gespräch.

Mit meinem Coaching bin ich sehr zufrieden. Weg von den Pros und Kontras, den Blick erweitern, das ist mir gut gelungen. Aber jetzt habe ich ein neues Problem: Was ist mit der Motivation von Klaus Sommer los? Wieso hat er ständig Minus, erledigt eilige Aufträge nicht vollständig, und warum denkt er über einen Wechsel nach? Vielleicht sollte ich mich vor dem nächsten Gespräch wieder von der Personalentwicklerin beraten lassen.

Expertentipp: Coaching bei Motivationsproblemen

Die Fragen für Coachinggespräche reichen bei diesem speziellen Thema nicht aus. Denn die Motivation, die ein Mitarbeiter im Betrieb zeigt, wird von vielen Faktoren beeinflusst. Und wenn ein Coach dem näherkommen will, braucht er spezielle Fragen, die sich auf diese Faktoren beziehen. Dazu ist es gut, zunächst einmal zu betrachten, was Motivation ausmacht. Darüber sind zahllose Bücher geschrieben wurden. Der Ansatz, der unserer Meinung nach am praktikabelsten ist, ist der von Rosenstiel – erweitert um die Maslow´sche Bedürfnishierarchie.

Damit ein bestimmtes Verhalten zustande kommt, müssen generell vier Voraussetzungen erfüllt sein:

1. das individuelle Können,
2. die situative Ermöglichung,
3. soziales Dürfen und
4. persönliches Wollen.

Zu einer Situation aus der Freizeit heißt das: Unter welchen Voraussetzungen fährt jemand zum Beispiel Mountainbike?

1. Er muss in der Lage sein, ein Fahrrad zu beherrschen, Hindernisse erkennen und ihnen ausweichen können, und er muss körperlich fit sein (individuelles Können);
2. braucht er ein Fahrrad, Berge und die Zeit, seinem Hobby zu frönen (situative Ermöglichung);
3. muss es offiziell und inoffiziell erlaubt sein, Mountainbike zu fahren. Die Wahrscheinlichkeit, dass unser Sportler wirklich downhill fährt, wird deutlich verschlechtert, wenn zum Beispiel seine Freundin das für die übelste Umweltsünde hält (soziales Dürfen);
4. und schließlich muss es ihm Spaß machen, den Berg hinunter zu rasen (persönliches Wollen).

Dasselbe System lässt sich auf das Verhalten „Leistung im Betrieb“ anwenden. Damit jemand im Betrieb gute Arbeit macht, braucht er:

1. die für die Aufgabe erforderliche Fach-, Methoden- und Sozialkompetenz (individuelles Können);
2. Arbeit, also Vorgänge, Produkte, Kunden..., die erforderliche Organisation und Ausstattung (situative Ermöglichung);
3. Vollmachten, Arbeitsanweisungen, einen (möglichst weiten) Rahmen, in dem das Arbeiten ermöglicht, also gewollt und belohnt wird (soziales Dürfen).
   Die Frage, ob man im Betrieb leisten „darf“, scheint auf den ersten Blick absurd. Doch wie oft Leistung durch rigide Vorschriften, die Angst der Vorgesetzten vor dem Erkennen der eigenen Überflüssigkeit oder ungeschriebene Spielregeln be- bis verhindert wird, hat Sprenger in „Mythos Motivation“ eindrücklich dargestellt.
4. das persönliche Wollen, Leistung im Betrieb zu erbringen. Dem Grundmuster kommt man mit der einfachen Frage auf die Spur: Warum quält sich jemand jeden Morgen aus dem Bett, um arbeiten zu gehen?

Mögliche Motive (in der Regel in Kombination mehrerer Elemente) sind:

- Wirtschaftliches Auskommen:
  Der Mitarbeiter braucht Geld, um seinen Lebensunterhalt zu finanzieren.
- Sicherheit bzw. das Ausbleiben von Angst:
  Der Mitarbeiter hat keine Zukunftssorgen, weil er weiß, dass sein Arbeitsplatz und vielleicht auch seine Rente gesichert sind.
- Soziale Anerkennung:
  Der Mitarbeiter genießt es, von anderen im Betrieb angesehen zu sein, dass er um Rat gefragt und seine Leistung honoriert wird.
- Selbstwertgefühl:
  Der Mitarbeiter geht gerne zur Arbeit, weil er dort gebraucht wird. Er kann es sich zum Beispiel nicht leisten, einen Tag krank zu sein, weil der Laden „ohne ihn nicht läuft".
- Selbstbestimmung:
  Der Mitarbeiter hat das Gefühl, etwas bewirken und gestalten zu können, seine Vorstellungen umsetzen zu können.
- Persönliche Wertvorstellungen:
  Welche Werte leiten den Menschen? Arbeitet er, um zu leben? Oder lebt er, um zu arbeiten?

Von Motiven spricht man dann, wenn es sich um Beweggründe für Verhaltensweisen handelt, die in uns drinstecken. Die Motive produzieren die psychische Energie, die für das Verhalten notwendig ist; sie sind das Kraftwerk, das Menschen zu ihrem Tun antreibt. Diese Motivlage ist nicht konstant, sie ändert sich bei beruflichen und auch bei privaten Veränderungen. So geht jemand, der gerade eine Familie gegründet hat und die Raten für das Eigenheim abzahlt, sehr wahrscheinlich aus einem anderen Motivmix heraus zur Arbeit als jemand, dessen Kinder aus dem Haus sind und der über ein ansehnliches Bankguthaben verfügt.

Wenn wir umgangssprachlich von „faulen" Mitarbeitern sprechen, meinen wir damit, dass bei ihnen das persönliche Wollen nicht stimmt. Dieser Schluss stellt sich oft als voreilig heraus. Bevor wir die Gründe für eine Nicht- oder Minderleistung im Wollen lokalisieren, ist es wichtig, alle anderen Faktoren zu prüfen:

- Individuelles Können:
  Wie gut wurde der Mitarbeiter auf seine Aufgabe vorbereitet und eingearbeitet?

- Situative Ermöglichung:
  Wie sind die Arbeitsbedingungen und Hilfsmittel? Wie viel Spielraum lassen Strukturen und Arbeitsanweisungen? Wie viel Leistung ist unter diesen Gegebenheiten überhaupt möglich?
- Und (besonders): Das soziale Dürfen.
  Wie groß sind die Vollmachten, wie rigide die Kontrollmechanismen? Wie würde die Gruppe auf die Hochleistung dieses Mitarbeiters reagieren? Wofür wird der Mitarbeiter, wenn er sich einsetzt, vom Vorgesetzten gerügt? Wie weit – oder eng – ist die Funktion definiert?

Erst wenn sich aus diesen drei Faktoren keinerlei Einschränkungen ergeben, ist es sinnvoll, die Ursache von Minderleistung in den Motiven zu suchen.

Wenn man nach der „Motivation" sucht, lautet die Leitfrage: Wo ist die Energie? Überspitzt formuliert: Es gibt keine „faulen" Mitarbeiter, sondern solche, deren Energie nicht in die Arbeit fließt, sondern zum Beispiel in die Familie, das Hobby oder den Verein. Bei anderen ist die Energie in Krankheit oder Sucht gebunden. Kein Mensch aber kommt als „nicht motiviert" zur Welt. Bestimmte Ereignisse haben dazu geführt, dass er seine Energie anderswo investiert. Wenn es gelingt, diese Energie wieder in den Betrieb zu leiten, hat man wieder einen „motivierten" Mitarbeiter.

Wie findet man nun heraus, wo die Energie steckt? Schlüsselfragen für das Coaching bei Motivationsproblemen sind:

- Was kann der Mitarbeiter besonders gut?
- Welche Arbeiten mag er nicht, schiebt er auf?
- Wie empfindet er die Arbeitsbedingungen?
- Wie geht er mit Veränderungen um? Wovor hat er Angst?
- In welchen Situationen ist er besonders zufrieden und hat Freude an der Arbeit?
- Worüber klagt er? (Auch Klagen kostet Energie!)
- Arbeitet er lieber alleine oder lieber im Team?
- Wer bemerkt seinen Einsatz? Wofür wird er gelobt?
- Wer fragt ihn um Rat?
- Was hat er in letzter Zeit erreicht? Worauf ist er stolz?
- Wie ist der Mitarbeiter finanziell und sozial abgesichert? (Hat er Sorgen, oder wiegt er sich in völliger Sicherheit?)
- Wie verbringt er den Feierabend und das Wochenende? Welche Hobbys hat er?

- Für wen ist der Mensch wichtig? Wer braucht ihn, wer vermisst ihn, wenn er fehlen würde?
- In welcher Lebenssituation befindet er sich? Gab es kürzlich Veränderungen?
- Was ist ihm im Leben wichtig? Welche Zukunftsvorstellungen, welche Perspektiven hat er?

Diese Fragen machen auch deutlich, dass man Motivation nicht nur unter dem Aspekt betrachten kann, was jemand im Betrieb tut oder nicht tut. Den Mitarbeiter persönlich näher kennenzulernen ist genauso wichtig, denn Menschen geben ihr Privatleben nicht an der Stechuhr ab. Das Privatleben wirkt ebenso in die Arbeit, wie die Arbeit sich auf das Privatleben auswirkt. Deshalb fördern solche Fragen nicht nur das Verständnis für die Situation des Mitarbeiters; sie helfen auch, Wege zu finden, wie der Mitarbeiter selbst wieder ein Interesse daran bekommen kann, einen größeren Teil seiner Energie in die Arbeit zu investieren.

Das Coachinggespräch zur Motivation

Ein Donnerstag, Ende September.

Thomas Braun hat sich wieder intensiv auf das Gespräch vorbereitet. Von der Personalentwicklung hat er nach einem langen Beratungsgespräch auch eine Checkliste bekommen: „Zentrale Fragen zum Coaching bei Motivationsproblemen". Was ihn etwas beruhigt: Das Minus im Arbeitszeitkonto von Klaus Sommer ist um acht Stunden gesunken. Herr Braun hat vorgeschlagen, sich diesmal nicht in seinem Büro, sondern in einem neutralen Besprechungsraum zu treffen. Und er hat Kaffee und Kekse bestellt.

B.:
Tag, Herr Sommer. Ich dachte, ein Tapetenwechsel tut uns gut, schließlich wollen wir keine Rücksprache machen. Nehmen Sie Kaffee?

S.:
Ja, danke.

B.:
Letztes Mal haben wir über Ihren künftigen Wohnort gesprochen. Im Nachhinein: Wie bewerten Sie unser Gespräch?

S.:
Unverändert gut. Ich kann zwar noch keine Lösung präsentieren, aber ich habe letztes Wochenende ausführlich mit meiner Familie darüber gesprochen. Die Kinder waren weniger störrisch, als ich befürchtet hatte, die sehen in einem Umzug sogar die Chance, etwas Neues kennenzulernen. Meine Große meinte nur, „Frankfurt ist cool.“ Meine Frau sieht das nüchterner, auch besorgter. Sie wäre am ehesten für einen Wechsel, wenn er denn sein soll, in eine kleinere Stadt im Umland, vielleicht im Taunus. Wir müssen noch mehr darüber reden.

B.:
Es freut mich, dass Sie das Gespräch so positiv bewerten. Ich habe jetzt kein plötzliches Ergebnis erwartet, ich verstehe, dass Sie sich für diese Entscheidung Zeit lassen wollen. Und da war doch auch noch die Frage, wie soll ich sagen: Ihrer beruflichen Zufriedenheit / Unzufriedenheit hier? Wie heißt unser Thema heute?

S.:
Versuchen wir es noch mal mit „Entwicklungsmöglichkeiten“?

B.:
Sie bestimmen das Thema. Wie lautet Ihre Frage an mich genau?

S.:
Soll ich mir und meiner Familie den Umzug zumuten?

B.:
Wie genau hängt der Umzug mit der Frage nach Entwicklungsmöglichkeiten zusammen?

S.:
Die Arbeit hier ist o.k., die Kollegen auch und auch die Zusammenarbeit mit Ihnen ist inzwischen gut. Nur, ich meine, immer bis abends arbeiten, nach Hause, schlafen, wieder arbeiten, und das die ganze Woche, das kann ich mir nicht ewig vorstellen.

B.:
Wann sind Sie mit dem Ergebnis unseres Gespräches zufrieden?

S.:
Wenn ich wüsste, wozu sich das alles lohnt – oder auch, wenn ich wüsste, das es keinen Sinn hat.

B.:
Das klingt, als ob Sie mit Ihrer Arbeit hier nicht sonderlich zufrieden wären?

S.:
Nun ja, es ist nicht schlecht hier, ich möchte nicht, dass Sie das denken. Und: Wir haben ja schon darüber gesprochen, ich brauche auch das Geld, und mein Marktwert ist wahrscheinlich nicht mehr der größte, also, ich denke schon, dass ich bleiben sollte.

B.:
Was müsste denn anders sein, damit Sie sagen: Ich arbeite ausgesprochen gerne hier?

S.:
Das habe ich mich auch schon gefragt. Aber die Situation hier ist eben, wie sie ist, ich kann den großen Laden hier nicht in meine kleine alte Firma verwandeln.

B.:
Bei Ihrer alten Firma hat es Ihnen besser gefallen?

S.:
Ja, da war viel mehr möglich. Da war ich Referatsleiter, ich hatte zwar nur drei Mitarbeiter, aber, soweit ich das einschätzen kann, mehr Vollmachten als Sie hier. Ich war für das gesamte Controlling verantwortlich, wurde gefragt, mein Wort hatte Gewicht.

B.:
Möchten Sie sich zum Gruppenleiter entwickeln?

S.:
Ja – nein, ich weiß nicht. Sicher, das wäre eine Perspektive. Aber ich weiß auch, dass ich hier der Dienstjüngste bin, da warten doch schon andere darauf, dass eine Führungsposition frei wird, zumal der Trend ja eher zu größeren Gruppen geht. Ich will nicht unrealistisch sein.

B.:
Ja, das sehe ich, offen gesagt, zumindest mittelfristig auch so.

Gibt es denn Möglichkeiten, Ihre Arbeit als Referent im Controlling so zu gestalten, dass es Ihren Vorstellungen mehr entspricht?

S.:
Das eben weiß ich nicht. Was ich bisher erlebt habe, ist alles schon ziemlich festgefügt.

B.:
Hilft es Ihnen mehr, wenn wir jetzt über längerfristige Perspektiven sprechen oder über die Arbeit im Controlling?

S.:
Das jetzt, das ist mir wichtiger.

B.:
Wie lautet dann das Ziel für unser Gespräch? Wann hat es sich für Sie gelohnt?

S.:
Wenn wir Wege oder Möglichkeiten finden würden, die Arbeit interessanter zu machen, das wäre gut.

B.:
O.k., Herr Sommer, dann brauche ich zunächst ein paar Informationen über Sie, und was Ihnen bei der Arbeit gefällt. Welche Vorgänge aus Ihrem jetzigen Arbeitsgebiet bearbeiten Sie besonders gerne?

S.:
Am liebsten mag ich Ausarbeitungen, in denen meine Empfehlungen gefragt sind. Wenn ich das Gefühl habe, dass ich etwas Sinnvolles tue. Zum Beispiel mein Vorschlag, dass alle Regionalleiter sich darüber austauschen, was in Nord anders ist als in den anderen Regionen, und wenn das dann tatsächlich umgesetzt wird.

B.:
Und was gefällt Ihnen weniger?

S.:
Nun, die ganzen Routinestatistiken, die wir wie Buchhalter jeden Monat zusammenstellen und bei denen ich mich ohnehin frage, ob sie jemals einer liest, geschweige denn, irgendwelche Maßnahmen daraus ableitet.

B.:
Wie bewerten Sie die Arbeitsbedingungen: Technische Ausstattung, Organisation...?

S.:
Perfekt, das muss ich wirklich sagen. Dass ich problemlos die Software bekommen konnte, die ich für sinnvoll halte, das hat mich wirklich beeindruckt. Da wären früher mindestens drei Anträge erforderlich gewesen. Auch dass es Weiterbildungsmöglichkeiten, z.B. zu aktuellen PC-Programmen, gibt, finde ich gut.

B.:
Arbeiten Sie denn lieber alleine oder im Team?

S.:
Beides. Ich mag es, wenn ich mich alleine auf eine knifflige Sache konzentrieren kann, aber ich mag auch den Kontakt zu anderen. Früher bin ich immer gefragt worden, wie meine Ideen sind oder wie etwas geht.

B.:
Und hier ist das nicht so?

S.:
Nein, die Kollegen hier sind ja alle erfahren. Die fragen höchstens Sie, wenn es um Entscheidungen geht.

B.:
Jetzt möchte ich Ihnen noch einige Fragen stellen, die nicht nur mit der Arbeit, sondern auch mit dem Privaten zu tun haben. Ist das in Ordnung?

S.:
Nur zu, Sie wissen ohnehin schon mehr über mich als irgendjemand sonst hier.
(Lacht dabei.)

B.:
Was machen Sie gerne in Ihrer Freizeit? Sie haben einmal vom Segelflugverein erzählt...

S.:
Ja, der Verein, da verbringe ich viel Zeit. Soll ich mehr darüber erzählen?

B.:
Ja, bitte.

S.:
Wie gesagt, wir sind Modell-Segelflieger. Jeder probiert aus, das beste Modell zu entwickeln, und dreimal im Jahr machen wir richtige kleine Flugschauen. Ich bin technisch ganz begabt und habe früher eine Jugendgruppe geleitet und den jungen Leuten den Modellbau beigebracht.
Im Vorstand bin ich für die Organisation der Veranstaltungen zuständig: Sponsoren ansprechen, Termine, Einladungen, letztes Mal war sogar der regionale Radiosender da und hat berichtet.

B.:
Jetzt sind Sie nicht mehr im Verein?

S.:
Nein, das geht ja nicht, wenn ich die ganze Woche nicht da bin. Aber am Wochenende gehe ich natürlich hin.
Es freut mich riesig, dass ich immer noch gefragt werde. Letztens wollten sie sogar, dass ich die Organisation der Flugschau im Herbst von hier aus manage, sie haben einfach noch keinen richtigen Ersatz gefunden.

B.:
Was machen Sie außerdem?

S.:
Die gesamte andere Freizeit verbringe ich mit meiner Familie. Die Große ist jetzt 15, der Junge 12.
Es ist schön, dass sie so viel zusammen machen wollen.
Wir gehen Rad fahren oder schwimmen, auf Feste, oder wir sitzen einfach im Garten und erzählen.
Wenn schlechtes Wetter ist, spielen wir etwas zusammen.
Und oft kommen auch die Freunde der Kinder zu uns.
Im Sommer haben wir dann ein spontanes Grillfest für die gesamte Nachbarschaft organisiert.

B.:
Vielen Dank, jetzt habe ich nur noch eine Frage, ich hoffe, sie ist nicht zu weit weg: Wenn Sie sich vorstellen, wir sind circa 15 Jahre weiter und feiern hier Ihre Pensionierung: Was sollte der Personalleiter zu Ihrem Abschied sagen? Was würden Sie sich wünschen?

S.:
Darüber muss ich erstmal nachdenken...
Sie meinen, ganz unabhängig von der Situation jetzt, was ich am liebsten hören würde?

B.:
Ja, genau.

S.:
Also, dann spinne ich jetzt mal – Sie dürfen mich aber nicht auslachen:
Der Personalleiter sollte sich bedanken. Für meine Arbeit, für meine Vorschläge, von denen einer sogar im ganzen Konzern umgesetzt wurde, für meine Hilfsbereitschaft und dafür, dass ich vielen Nachwuchskräften alles beigebracht habe, so dass sie jetzt meine Arbeit weiterführen können. Und er könnte mir einen Beratervertrag anbieten, für das, was ich immer noch am besten kann. (Lacht.)

B.:
Vielen Dank. Ich möchte mir alles, was Sie gesagt haben, noch mal durch den Kopf gehen lassen und schlage eine kleine Pause vor. Sind sie einverstanden?

S.:
Ja, gerne. Eine Pause kann ich jetzt auch gut gebrauchen.

In der Pause lässt sich Thomas Braun noch einmal alles durch den Kopf gehen, was er zum Thema Motivation von Klaus Sommer erfahren hat:

Am individuellen Können hängt es nicht, so viel steht fest. Wie ist es mit der situativen Ermöglichung? Wahrscheinlich wünscht er sich mehr Spielraum. Sagte er nicht schon früher, in der alten Firma habe er mehr Kompetenzen gehabt als ich hier? Und das führt auch schon zum Knackpunkt: soziales Dürfen: Er denkt, sein Platz ist „ganz unten", das hat er doch auch schon gesagt; wie habe ich denn darauf reagiert? Jedenfalls sucht er Anerkennung, will gebraucht werden und wichtig sein. Und weil er das hier nicht kann, lebt er es jetzt nur noch in seiner Freizeit aus. Und je mehr er sich dort hineinkniet, umso weniger Energie bleibt für die Arbeit. Was kann ich ihm anbieten? Zwar ist der Wunsch, dass er jetzt Gruppenleiter werden kann, nicht realistisch, aber vielleicht...

Thomas Braun hat ein paar Ansatzpunkte im Kopf. Aber zunächst möchte er erfahren, was Klaus Sommer in der Pause durch den Kopf ging.

B.:
Nun, Herr Sommer, mir hat die Pause gut getan, und ich denke, mir sind einige Dinge klarer geworden. Wie sehen Sie den Zwischenstand unseres Gespräches?

S.:
Ich bin ein bisschen verwirrt. Ich habe mir in der Pause überlegt, dass das alles doch verrückt ist: Sie sprechen mit mir jetzt schon das dritte Mal über meine Probleme – und ich frage mich, ob ich hier richtig bin. Ich trauere ja manchmal meiner alten Firma nach, aber, das muss ich ehrlich sagen: So viel Mühe hätte sich dort keiner gegeben. Ich weiß zwar noch nicht, wie alles weitergeht, aber eines ist klar: Sie sind ein toller Chef.

B.:
Danke, machen Sie mich bloß nicht verlegen. Und außerdem: Ich helfe Ihnen ja nicht nur Ihretwegen: Wenn wir eine gute Lösung finden und Sie hier gerne arbeiten, habe ich schließlich auch etwas davon. Und genau das möchte ich Sie nun fragen, nach dem bisherigen Gespräch: Welche Ansatzpunkte sehen Sie?

S.:
Ja, mit Ihren Fragen ist mir schon deutlich geworden, was mir fehlt: Ich möchte etwas Sinnvolles tun: Wenn ich mich engagiere, dann richtig, und nicht nur für Routinearbeiten. Verstehen Sie mich nicht falsch, ich weiß, dass die dazugehören, aber es darf eben nicht alles sein.

B.:
Ja, das ist mir auch klar geworden. Wie könnten wir das erreichen?

S.:
Gibt es denn etwas, das ich speziell bearbeiten könnte?
Eine „eigene Baustelle“, die sozusagen mir alleine gehört.
Etwas, für das ich komplett verantwortlich bin, von der Analyse bis zum Erarbeiten von Vorschlägen und der Präsentation der Ergebnisse bei der Geschäftsleitung, vielleicht sogar die Begleitung der Umsetzung...
Das würde mir Spaß machen.

B.:
Das trauen Sie sich zu?

S.:
Fachlich, meinen Sie? Das habe ich doch jahrelang gemacht.

B.:
Davon bin ich überzeugt, ich dachte mehr an die Zeit.

S.:
Ja, und wieder hängt alles mit allem zusammen, damit hat sich der Kreis zur Wohnortfrage geschlossen – aber darüber möchte ich jetzt nicht reden. Was mich von Ihnen noch interessiert: Angenommen, das Zeitproblem gäbe es nicht, wäre meine Idee realisierbar? Und: Was ist Ihnen dann eingefallen?

B.:
Ich habe über die Frage unserer Arbeitsaufteilung schon öfters nachgedacht, besonders, wenn ich freitagabends um 19.00 Uhr noch im Büro sitze. Da denke ich schon manchmal, ich mache zuviel und man müsste etwas umorganisieren; nicht nur in Ihrem Gebiet; in der gesamten Gruppe. Aber ich habe noch keine Lösung, darüber möchte ich auch mit allen sprechen. Wenn ich darüber nachdenke: Ja, in dieser Richtung finden wir etwas.

S.:
Und was ist Ihnen eingefallen?

B.:
Ich hatte noch eine andere Idee: Wir werden ab 1.10. wieder einen Praktikanten haben, einen angehenden Betriebswirt, er wird acht Wochen bei uns sein. Möchten Sie sich um ihn kümmern?

S.:
Damit mich wieder jemand fragt?

B.:
Ich dachte, es könnte Ihnen gefallen.

S.:
Ja, das tut es – und besonders, wenn wir es mit einem Sonderauftrag verbinden, dann könnte der Praktikant mir ja bei den Routinearbeiten helfen...

B.:
Halt, das geht mir jetzt zu schnell. Zum Thema Sonderaufgaben will ich mit der gesamten Gruppe sprechen. Und davor möchte ich wissen, wie es mit uns weitergeht.

S.:
O.k, das verstehe ich. Kann ich bis nächste Woche Bedenkzeit haben?

B.:
Sicher.

Die beiden vereinbaren einen neuen Termin, nächsten Mittwoch.

Gedanken nach dem Gespräch:

Als die Personalentwicklerin mir dieses Modell vorgestellt hat, dachte ich erst, es sei ziemlich kompliziert. Dann habe ich gedacht, ich versuche es. Und jetzt sehe ich den Klaus Sommer tatsächlich ganz anders: Er macht sich hier keinen Lenz, um möglichst viel Freizeit zu haben – er muss sich in seiner Freizeit austoben, weil er hier die Anerkennung, die er braucht, nicht bekommt. Hoffentlich kriegen wir die Kurve. Je länger ich mich mit ihm beschäftigt habe, desto mehr schätze ich ihn. Es wäre ein Jammer, wenn wir so jemanden nicht nutzen könnten. Aber jetzt kann ich nichts mehr für ihn tun, der nächste Schritt muss von ihm kommen.

Zwischen Tür und Angel...
Montag, Anfang Oktober

Klaus Sommer schaut ins Büro, unangemeldet:

S.:
Hallo, Herr Braun, wir haben uns erst für Mittwoch verabredet – kann ich trotzdem kurz reinkommen?

B.:
Ja, sicher, nehmen Sie Platz.
Ist etwas passiert?

S.:
Kann ich heute Mittag frei nehmen?

B.:
Was ist denn los, Sie sind ja ganz aus dem Häuschen?

S.:
Stellen Sie sich vor: Ich überlege mir am Freitag auf der Heimfahrt, wie ich mit meiner Familie spreche, lasse mir alle Vor- und Nachteile eines Umzuges durch den Kopf gehen;
und dann zeigt mir meine Frau die Angebote von drei Häusern – im Taunus. Ich hab´ gedacht, ich spinne. Haben Sie mit meiner Frau gesprochen?

B.:
Um Gottes willen, nein. Das würde ich nie hinter Ihrem Rückten tun. Wie kommen Sie denn darauf?

S.:
Weil meine Frau das Gleiche gesagt hat wie Sie. Dass ich nur noch von Freitag bis Montag leben würde, und dass es so nicht weitergeht. Können Sie sich das erklären?

B.:
Ich würde sagen, Sie haben eine kluge Frau. Und Ihr Gespräch über die Umzugsfrage hat sicher auch bei Ihrer Familie einiges in Gang gebracht. Und jetzt?

S.:
Jetzt will ich meine Frau vom Bahnhof abholen, wir wollen die Häuser ansehen.

B.:
Viel Glück!

S.:
Danke!

Der Abschluss des Coachings

Am Mittwoch treffen sich Thomas Braun und Klaus Sommer wieder im Besprechungsraum.

B.:
Hallo, Herr Sommer. Jetzt bin ich richtig neugierig, was passiert ist.

S.:
Ja, das kann ich mir vorstellen. Dann erzähle ich am besten gleich. Also, ich kann es immer noch nicht glauben. Letztes Wochenende, ich hatte meiner Frau schon am Telefon gesagt, dass wir noch mal über Frankfurt reden müssen, komme ich mit allen Fragen im Kopf nach Hause. Wir hatten das Wochenende davor ja schon über Ihre „blaue und grüne Brille“ gesprochen. Und ich dachte, wir sollten jetzt auch mit den Kindern noch mal sprechen. Ja, und dann hatte meine Familie die Entscheidung schon quasi getroffen. Abends habe ich dann noch lange mit meiner Frau geredet. Und die hat mir den Kopf gewaschen. Dass ich überhaupt nur noch zerrissen wäre, unter der Woche schufte und zu Hause heile Welt spiele und mich in den Verein und in hektische Aktivitäten mit den Kindern flüchte und mit meinen Problemen inzwischen mehr mit meinem Chef rede als mir ihr. „Jetzt muss Schluss sein“, sagt sie und zeigt mir die Exposés von den Häusern im Taunus.
Ich war völlig sprachlos. Ja, und dann habe ich verstanden: Vor lauter Sorge, was ich meiner Familie mit dem Umzug zumuten könnte, habe ich gar nicht mehr gemerkt, dass die Art, wie wir jetzt leben, für sie gar nicht so rosig ist. Und dass unser Familienleben jetzt mehr leidet, als ich wahrhaben wollte. Und jetzt denke ich, ich war vielleicht auch nicht ganz ehrlich, nicht so selbstlos, wie ich es sein wollte. Denn solange die Entscheidung mit dem Umzug offen war, brauchte ich mich auch hier für die Arbeit nicht endgültig zu entscheiden. Ich war, wie soll ich sagen, irgendwie mit allem in der Schwebe, ich wollte zu nichts wirklich „Ja“ sagen.

B.:
Und jetzt?

S.:
Es klingt vielleicht verrückt, aber ich fühle mich total erleichtert. Es ist, als ob eine riesige dunkle Wolke endlich weg ist und ich

kann wieder klar sehen. Wir haben am Montag gleich den Mietvertrag unterschrieben.
Am 1. November ziehen wir um; die Kinder bleiben noch bis zu den Weihnachtsferien bei den Großeltern, wegen der Schule. Und Weihnachten feiern wir hier alle zusammen.

B.:
Das klingt phantastisch. Ich freue mich, dass es Ihnen so gut geht. Wollen wir heute das Thema „Entwicklung" fortsetzen?

S.:
Ja, gerne. Und diesmal habe ich mir auch schon, wie sagen Sie immer: „mein Ziel für unser Gespräch heute" überlegt: Ich möchte gerne mit Ihnen herausfinden, wie wir unsere Arbeit so verteilen können, dass es uns beiden nutzt. Dass ich das einbringen kann, was ich gut kann und mir auch Spass macht, und Sie früher nach Hause kommen. Ist das o.k.?

B.:
Ja, das hatte ich mir auch vorgestellt. Und Sie klingen so, als ob Sie schon Ideen hätten?

S.:
Zunächst möchte ich mich bedanken. Auch für Ihre Idee, dass ich den Praktikanten betreuen soll. Das möchte ich gerne machen. Und dann haben Sie ja auch gesagt, wir könnten mit der gesamten Gruppe über die Aufteilung sprechen. Das finde ich auch gut, denn ich will ja jetzt keine Sonderbehandlung. Wollen Sie das noch?

B.:
Ja, ich wollte nur unser Gespräch heute noch abwarten. Unser nächstes großes Monatsmeeting ist am 17. Das will ich dazu nutzen. Mir ist durch unsere Gespräche nämlich auch etwas klar geworden: dass ich eine Gruppe mit elf Leuten und entsprechend mehr Arbeit nicht mehr so leiten kann wie das kleine Team früher. Herr Bertel, mein Stellvertreter, hat auch gesagt, dass wir etwas ändern müssen, denn an ihm hängt alles, wenn ich nicht da bin. Ich möchte mich – aber das werde ich in der Besprechung ausführlich erläutern – mehr um meine Führungsaufgaben kümmern, und nicht mehr um alle fachlichen Details.

S.:
Das finde ich gut. Kann ich noch einen Tipp haben?

B.:
Ja, sicher.

S.:
In der Besprechung: Also, ich hätte am liebsten die Zuständigkeit für die rote Produktreihe.
Wie kann ich das denn anstellen, ich meine, ohne dass die anderen beleidigt sind...

B.:
Sie möchten, dass ich Ihnen einen Tipp gebe, wie Sie die Gruppe am besten manipulieren?

S.:
Oh, das geht jetzt wohl zu weit... Nein, das können Sie natürlich nicht. Aber ganz im Ernst: Wie schaffe ich es, meine Ziele zu erreichen, ohne die Gruppe gegen mich aufzubringen?

B.:
O.k., dazu will ich Sie beraten – nur klar muss sein: Keine Sonderbehandlung für Sie. Einverstanden?

S.:
Ja, gerne.

B.:
Also, dann überlegen Sie doch einmal: Angenommen, Sie wollten die ganze Gruppe gegen sich aufbringen? Wie würden Sie das am besten schaffen?

S.:
Wenn ich einen Plan ausgearbeitet hätte, also Ihre Aufgabe machen würde, und den noch möglichst ungerecht, das Interessante für mich, die Routine für den Rest. Und den noch möglichst hartnäckig vertreten, am besten noch, mit Ihnen darüber streiten.

B.:
Nette Vorstellung. Und wie würden Sie es schaffen,
mit der Gruppe einig zu bleiben und keines Ihrer Ziele zu erreichen?

S.:
Nichts sagen, mich in die Besprechung setzten und alles stillschweigend mitmachen, keine Vorschläge machen.

B.:
Gut, die Leitplanken sind aufgestellt. Wie sieht jetzt die Fahrbahn aus?

S.:
Ja, wie Sie sagen, in der Mitte. Nicht powern, nicht nichts tun. Aber dass ich die rote Serie gerne hätte, das kann ich schon sagen?

B:.
Ja, sicher. Jeder kann für seine Position sprechen – und wird das auch, so wie ich unser Team kenne. Was wäre denn für das Team noch förderlich?

S.:
Ich überlege noch das Worst-Case-Bild: Wenn ich sie aufbringe, wenn ich egoistisch bin, vielleicht kann ich im Gegenteil darauf achten, dass es gerecht zugeht, zum Beispiel den Berthold, unseren Jüngsten, unterstützen, der sagt ja sonst eher wenig. Was meinen Sie?

B.:
Ja, ich versuche natürlich auch selbst, darauf zu achten; aber es kann nichts schaden, wenn das andere auch tun. Und die Grundeinstellung gefällt mir: Nicht gegen, sondern mit der Gruppe arbeiten. Was fällt Ihnen noch dazu ein?

S.:
Sonst fällt mir nichts ein. Haben Sie denn noch einen Tipp?

B.:
Ja, aber ich bin nicht sicher, ob er Ihnen gefällt: Ich empfehle Ihnen, sich nicht auf eine Lösung, z.B. die rote Serie, zu versteifen, sondern sich Kriterien zu überlegen, wann ein Ergebnis für Sie gut ist.

S.:
Sie meinen, ich müsste offener an die Sache herangehen?

B.:
Ja.

S.:
Kriterien, und das Kriterium darf nicht „rote Serie" heißen?

B.:
Was macht denn die rote Serie für Sie so attraktiv?

S.:
Es ist eine neue Produktreihe, da bewegt sich viel, die Analysen werden für Entscheidungen gebraucht, ich kenne mich darin schon aus und habe auch noch Ideen dazu.

B.:
Das ist eine ganze Menge. Was davon ist denn Ihr wichtigstes Kriterium?

S.:
Dass das, was erarbeitet wird, zu weiteren Entscheidungen verhilft.

B.:
O.k., dann bleiben wir dabei: Wenn Sie an alle Aufgaben denken, die es in der Gruppe gibt: Bei welchen ist dieses Merkmal „Wichtig für weitere Entscheidungen“ erfüllt?

S.:
Na ja, eigentlich bei allen neueren Produkten, und bei den älteren, wenn Sie in der Erwartung zurückbleiben. So gesehen, sind das die meisten. Und bei den anderen Aufgaben:
Alles, was mit Menschen zu tun hat, mit Kontakten.
Also bloß nicht die Quartals- und Jahresergebnisse des gesamten Bereichs.

B.:
Keine Sorge, das bleibt sicher meine Aufgabe. Ist Ihnen denn mit der Frage nach dem Vorgehen in der Besprechung jetzt geholfen?

S.:
Ich werde noch genauer darüber nachdenken, wie ich mich verhalte, aber „Kriterien statt Lösungen“, das ist wohl der richtige Ansatz. Danke.

B.:
Ist zum Thema „Entwicklung“ im Moment noch etwas offen?

S.:
Nein, der Weg ist vorgezeichnet, und ich denke, es funktioniert so.

B.:
Tja, Herr Sommer, dann möchte ich zum Abschluss dieses Gesprächs noch einen Blick auf die Gesamtsituation werfen. Wir haben in den letzten Monaten über eine Reihe von Fragen gesprochen, und einiges hat sich bewegt.
Wenn Sie den gesamten Prozess betrachten: Wie ist denn Ihr Fazit?

S.:
Ich denke an den Anfang zurück, unsere Rücksprache im Juni, in der Sie mir gesagt haben, ich soll Ausarbeitungen mit Lösungsvorschlägen machen; damit fing alles an. Damals war ich hier, jetzt kann ich es ja sagen, ziemlich unglücklich. Ich war zwar finanziell versorgt, aber fühlte mich einfach abgeschoben, eine Altlast von der alten Firma, die gnädig übernommen wurde und sich hier einzufügen hat. Durch unsere Gespräche habe ich gemerkt, dass ich auch vieles zu diesem Bild beigetragen habe: Wer nichts gibt, kriegt nichts. Und jetzt fängt es an, wieder Spaß zu machen. Sie haben mir dabei sehr geholfen.

B.:
Was brauchen Sie jetzt noch?

S.:
Nein, ich habe nicht das Gefühl, dass ich noch etwas brauche. Wenn wir in zwei Wochen die Besprechung haben, werde ich meine Ideen einbringen, und dann sehen wir weiter.

B.:
Können wir unsere Beratung damit abschließen?

S:.
Ja, aber mit Fragen zu den neuen Aufgaben käme ich trotzdem gerne wieder zu Ihnen.

B.:
Das ist doch selbstverständlich. – Ist noch etwas?

S.:
Gehen wir noch mal zusammen in die Kneipe nebenan? Nächste Woche vielleicht? Ich fände es einfach nett, wenn unsere Gespräche nicht so abrupt enden.

B.:
Schöne Idee, das machen wir. Gleich Montag.

Teil 7

Checklisten und Hilfsmittel

In diesem Kapitel finden Sie Arbeitsunterlagen, Checklisten und Kopiervorlagen, die Ihnen den Einstieg und das Arbeiten mit Coaching erleichtern sollen.

Voraussetzungen für Coaching

Ich traue dem Mitarbeiter zu, das Problem zu lösen.

Ich bin überzeugt, dass der Mitarbeiter das Potential hat, sich zu steigern.

Der Mitarbeiter hat Vertrauen in mich.

Der Mitarbeiter hält mich in der zu lösenden Frage für einen guten Berater.

Ich habe Interesse daran, den Mitarbeiter zu fördern.

Ich bin bereit, die Zeit für ein Coaching zu investieren.

Ich kann, was ich im Coaching erfahre, vertraulich behandeln.

Ich kann meine eigenen Ideen zurückstellen.

In dem Thema bin ich neutral, ich bin nicht auf ein festes Ergebnis aus.

Ich werde nicht nervös, wenn wir nicht sofort die Lösung finden.

Das Thema ist so gelagert, dass ich es als Berater annehmen kann.

Coaching-Plan

Drei Mitarbeiter, die ich coachen könnte:

1.	2.	3.

Themen, die ich ansprechen möchte:

Informationen, die ich zuvor noch sammeln will:

Geeigneter Zeitpunkt, Anlass, Ort:

Phasen und zentrale Fragen im Fachcoaching

Phase	**Zentrale Fragen**	**Notizen, Ergänzungen**
Einstieg	Worum geht es?	
	Was ist das Thema?	
Situationsklärung	Wie ist die Situation genau?	
	Eigenschaften hinterfragen:	
	–Welche Auswirkungen hat das?	
	–Wann ist das so?	
	–Wann ist es anders?	
	Was haben Sie bereits herausgefunden?	
	Bzw.: Was davon können Sie schon gut?	
Beteiligte	Wer ist beteiligt?	
	Wer hat welche Interessen?	
	Was ist Ihr Interesse, was möchten Sie erreichen?	

Phase	Zentrale Fragen	Notizen, Ergänzungen
Zugangs-möglichkeiten	Welche Rahmenbedingungen, Grenzen müssen wir beachten?	
	Was darf auf keinen Fall geschehen?	
	Welche Spielräume gibt es, wo können Sie flexibel sein?	
	Welche Informationen fehlen Ihnen, was müssten Sie noch wissen?	
	Wie könnten Sie das erfahren?	
	Bzw.: Was möchten Sie besser können?	
	Wie könnten Sie das lernen?	
	Kam etwas Ähnliches schon vor?	
	Wie sind Sie da vorgegangen?	
	Wie gehen andere (z.B. Kollegen) in solchen Situationen vor?	
Abschluss	Wie gehen Sie jetzt vor?	
	Wann treffen wir uns wieder?	
	Wie zufrieden sind Sie mit diesem Gespräch?	

Phasen und zentrale Fragen im Beziehungscoaching

Phase	**Zentrale Fragen**	**Notizen, Ergänzungen**
Einstieg und Zielklärung	Um welches Thema geht es? Zu diesem Thema:	
	Was möchten Sie erreichen?	
	Woran merken Sie, dass Sie dieses Ziel erreicht haben?	
	Wer bemerkt es noch? Woran?	
	Was ist dann anders?	
	Zum Coachingziel:	
	Was ist Ihr Ziel für unser Gespräch?	
	Evtl.: Schaffen wir das? Lohnt es sich?	
Situations-klärung	Wie ist die Situation genau?	
	Was geschieht?	
	Was erleben Sie?	

Phase	Zentrale Fragen	Notizen, Ergänzungen
Situations-klärung	Bei Eigenschaften: Was bedeutet das?	
	Was ist dann anders?	
	Woran merken Sie das?	
	Welche Auswirkungen hat das?	
	Wann tritt das Problem auf?	
	Was ist das Besondere in diesen Fällen?	
	Wann ist das zum ersten Mal aufgetreten?	
	Welche Veränderungen sind damals noch geschehen?	
	Wann tritt das Problem nicht auf?	
	Was unterscheidet diese Situationen?	
	Was machen Sie dann anders?	
Beteiligte	Wer ist beteiligt?	
	Wer ist noch betroffen?	

Phase	Zentrale Fragen	Notizen, Ergänzungen
Beteiligte	Welche Auswirkungen hat die Situation für diese Personen?	
	Wenn ich „X“ fragen würde, wie würde er / sie die Situation beschreiben?	
	Wer hat welche Interessen?	
	Welche Koalitionen gibt es unter den Beteiligten?	
	Wer hört auf wen?	
	Wer ist von wem abhängig?	
	Für wen ist die Situation ein Problem? Was macht es zum Problem für Sie? Was ist Ihr Beitrag an dem Problem?	
	Wie haben Sie es geschafft, dass die Situation ist, wie sie ist?	
	Wer hat welchen Nutzen aus der Situation?	
	Welches Problem entsteht nicht, solange die Situation ist, wie sie ist?	
	Welches Problem würde auftreten, wenn dieses gelöst wäre?	
Zugangs-möglichkeiten	Welche Maßnahmen haben Sie bereits unternommen?	
	Mit welchem Ergebnis?	

Phase	Zentrale Fragen	Notizen, Ergänzungen
Zugangs-möglichkeiten	Evtl. wiederholen: Wann tritt das Problem nicht / schwächer auf?	
	Was ist dann anders? Wer verhält sich anders?	
	Angenommen, Sie wollten das Problem verschlimmern: Wie könnten Sie das schaffen?	
	Wenn über Nacht ein Wunder geschähe: Wie wäre die Situation dann?	
Zielüberprüfung	Nachdem wir die Situation jetzt ausführlich beleuchtet haben: Stimmt das anfangs formulierte Ziel noch?	
	Wie formulieren Sie das Ziel jetzt?	
Hypothesen-bildung	Vermutungen über die Zusammenhänge, z.B.:	
	Wer reagiert wie auf wen?	
	Welches Verhalten hat das Problem verschlimmert?	
	Unter welchen Voraussetzungen ist das Problem sinnvoll – wer hat welchen Nutzen daraus?	
	Unter welchen Bedingungen wäre ein anderes Verhalten sinnvoll?	
	Welche Lösungsansätze wurden bislang vermieden oder übersehen?	

Phase	Zentrale Fragen	Notizen, Ergänzungen
Lösungs-orientierung	Welche Lösungsansätze sehen Sie jetzt?	
	Evtl.: Eigene Ideen anbieten	
Abschluss	Wie wollen Sie vorgehen?	
	Was ist dabei Ihr Ziel?	
	Welche Maßnahmen sind im Vorfeld dazu noch erforderlich?	
	Welche Unterstützung brauchen Sie dazu noch?	
	Bezogen auf Ihr Ziel für dieses Gespräch: Wie zufrieden sind Sie?	
	Ist das Thema für sie abgeschlossen, oder sollen wir uns dazu wieder verabreden?	
	Ggf. wann?	
	Müsste dann etwas anders sein?	

Zentrale Fragen für das Coaching bei Motivationsproblemen

Thema	Zentrale Fragen	Notizen, Ergänzungen
Letzte Tätigkeit	Wie zufrieden ist der Mitarbeiter mit der Tätigkeit?	
	Was kann er besonders gut?	
	Welche Arbeiten mag er nicht, schiebt er auf?	
Arbeits-bedingungen	Wie zufrieden ist der Mitarbeiter mit den Arbeitsbedingungen?	
Spaß und Frust	In welchen Situationen ist er besonders zufrieden und hat Freude an der Arbeit?	
	Worüber klagt er?	
Kollegen	Arbeitet er lieber alleine oder im Team?	
	Wie angenehm empfindet er die Zusammenarbeit?	
Anerkennung	Wer bemerkt seinen Einsatz?	
	Wofür wird er gelobt?	

Thema	**Zentrale Fragen**	**Notizen, Ergänzungen**
	Wer fragt ihn um Rat?	
	Was hat er in letzter Zeit erreicht, worauf ist er stolz?	
Auskommen	Wie ist die finanzielle Situation?	
	Hat der Mitarbeiter finanzielle Sorgen?	
Interessen	Wie verbringt der Mitarbeiter seine Freizeit?	
	Welche Hobbys hat er?	
Persönliche Situation	In welcher Lebenssituation befindet sich der Mitarbeiter?	
	Gab es kürzlich Veränderungen?	
	Für wen ist der Mensch wichtig? Wer braucht ihn, wer vermisst ihn, wenn er fehlen würde?	
Persönliche Werte	Was ist ihm im Leben wichtig?	
	Zukunftsvorstellungen, Perspektiven?	

Literaturhinweise

Böning Consult (Hrsg.): Aspekte der aktuellen Coachingspraxis in deutschen Unternehmen. Ergebnisse einer Untersuchung, unveröffentlichtes Manuskript, 1996

Crainer, Stuart: Die ultimative Managementbibliothek. 50 Bücher, die Sie kennen müssen, Campus, Frankfurt 1997

Kuhn, Thomas S.: Die Struktur wissenschaftlicher Revolutionen, Suhrkamp, 1976

Landsberg, Max: Das Tao des Coaching. Effizienz und Erfolg durch meisterhafte Führung, Campus, Frankfurt 1998

v. Rosenstiel, Lutz: Mitarbeiterführung in Wirtschaft und Verwaltung. Anstöße zur Ermutigung, herausgegeben vom Bayerischen Staatsministerium für Arbeit, Familie und Sozialordnung, München 1992

Segal, Lynn: Das 18. Kamel oder die Erfindung der Welt. Zum Konstruktivismus Heinz von Försters, Piper, München 1986

de Shazer, Steve: Der Dreh. Überraschende Wendungen und Lösungen in der Kurzzeittherapie, Carl Auer, Heidelberg 1992

Simon, Fritz B.; Rech-Simon, Christel: Zirkuläres Fragen. Systemische Therapie in Fallbeispielen: Ein Lernbuch, Carl Auer, Heidelberg 1999

Sprenger, Reinhard K.: Mythos Motivation. Wege aus einer Sackgasse, Campus, Frankfurt 1991

Watzlawick, Paul; Beavin, Janet H.; Jackson, Don D.: Menschliche Kommunikation. Formen, Störungen, Paradoxien, Hans Huber, Göttingen/Bern 1969

Wildenmann, Bernd: Professionell führen. Empowerment für Manager, die mit wenigen Mitarbeitern mehr leisten müssen, Luchterhand, Neuwied 1996

Wunderer, Rolf; Grunwald, Wolfgang: Führungslehre Band 1: Grundlagen der Führung, de Gruyter, Berlin 1980

Zu den Autoren

Karin Meinhardt

Betriebspädagogin. Nach ihrer kaufmännischen Lehre war sie mehrere Jahre als Ausbildungsleiterin tätig. Sie studierte berufsbegleitend Betriebspädagogik und wechelte 1986 in die Weiterbildung. Seit 1990 leitet sie den Bereich für Personal- und Organisationsentwicklung eines großen Dienstleistungsunternehmens. Zu ihren Aufgabenschwerpukten gehören neben der Führungs- und Leitungsaufgabe die Führungskräfteentwicklung und die Begleitung von betrieblichen Veränderungsprozessen. In diesem Kontext coacht sie Mitarbeiter und Führungskräfte.

Veröffentlichungen: Mitautorin von „Die ersten Tage im Betrieb – Wie man Beruftsanfänger ins Berufsleben einführt" (1998), erschienen bei: Windmühle GmbH, Hamburg.

Hermann Weber

Diplom-Psychologe. Jahrgang 1954. Nach Abschluss des Psychologiestudiums hat er mehrere Jahre in der betrieblichen Personalentwicklung gearbeitet. Seit 1990 berät er freiberuflich Unternehmen, vorwiegend im Dienstleistungssektor. Er leitet Trainings im Bereich Kommunikation, Mitarbeiterführung, Konfliktberatung und Verhandeln. Er führt Maßnahmen zur Gestaltung betrieblicher Veränderungsprozesse durch und wirkt bei konzeptionellen Fragen der Personalentwicklung mit. Im Kontext dieser Maßnahmen coacht er Mitarbeiter und Führungskräfte aller Hierarchieebenen.

Zu seinen bisherigen Veröffentlichungen zählen u.a. der „Arbeitskatalog der Übungen und Spiele" (1981) und „Das Pädagogische Rollenspiel in der betrieblichen Praxis" (1997); außerdem gibt er in regelmäßigen Abständen das Taschenbuch „Literatur für die Aus- und Weiterbildung in Organisationen" heraus. Alle Bücher sind erschienen bei: Windmühle GmbH, Hamburg.

Buchtipps für Führungskräfte

aus dem Hause
Windmühle GmbH, Verlag und Vertrieb von Medien
Postfach 551080 22570 Hamburg
Telefon 040-868307 Fax 040-8663123
E-Mail: windmuehle@t-online.de www.Windmuehle-Verlag.de

Dave Francis, Don Young

MEHR ERFOLG IM TEAM

Ein Trainingsprogramm mit 46 Übungen zur Verbesserung der Leistungsfähigkeit in Arbeitsgruppen

ISBN 3-922789-64-1

Suchen Sie ein logisch strukturiertes Trainingsprogramm von realer Praxisnähe zur Teamarbeit? Dieses Werk eignet sich hervorragend, die Stärken und Schwächen eines Teams herauszukristallisieren. Die wesentlichen 12 Teamverstärker machen auf die Defizite einer Gruppe aufmerksam, die anschließenden 46 Übungen, die eng an Problemsituationen der täglichen Praxis angelehnt sind, bieten die Möglichkeit, solche typischen Mängel aufzuarbeiten und diskussionsfähig zu machen. Ein Buch nicht nur für die Hand von Trainern; auch Team- und Gruppenleiter können den Stand ihrer Arbeit hervorragend diagnostizieren und Konflikte selbst bearbeiten.

H.-G. Renner, J. Strasmann

DAS OUTDOOR-SEMINAR IN DER BETRIEBLICHEN PRAXIS

ISBN 3-922789-76-5

Ist das Outdoor-Seminar nur bloßes Abenteuer oder steckt dahinter ein wirksamer Ansatz zur Teambildung für den betrieblichen Bereich? Die Faszination ist unstrittig. Manager, Führungskräfte oder Projektleiter erfahren in diesem Buch lebensnah, welche Vorteile Outdoor-Seminare für Arbeitsgruppen haben können, wie Vertrauen zu Kollegen oder Partnern aufgebaut wird. Die Autoren beschreiben anschaulich den Ablauf eines solchen Seminars, sagen, welche Faktoren über Gelingen oder Misslingen entscheiden, welche Aufgaben durchgeführt werden und wie der Transfer in den Arbeitsalltag sichergestellt wird. Trainern und Personalentwicklern werden hier gute Anregungen und Hintergründe geboten, Entscheidern in Unternehmen einsichtige Planungshilfen.

T. Runge, F. Weibel, W. Ruegg u.a.

ODYSSEUS IM KONZERN

Internationales Management Development als strategische Führungsaufgabe

ISBN 3-922789-81-1

Die Autoren nehmen das Linienmanagement als Mentoren in die Verantwortung. An ihm liegt es, den Führungsnachwuchs des Unternehmens zu fördern und dafür zu sorgen, dass dieser seine Anforderungen bewältigt. Sie vertreten vehement die These, dass Personalarbeit eine nicht deligierbare Führungsaufgabe ist, und machen das auch an vielen Beispielen deutlich. Der Fokus ist auf die internationale Komponente ausgerichtet und hier bieten sie das notwendige Werkzeug an: von Selbstdevelopment zu Wertesystemen, von Potentialanalysen zu Succession Planning oder Controlling, von der Vorbereitung von Auslandseinsätzen bis zur Gestaltung von Development Curricula. Ein Buch, amüsant im Vergleich mit der Antike, anspruchsvoll und doch ein praktischer Leitfaden mit viel Personal-Know-how.

Alexander Redlich

KONFLIKTMODERATION

Handlungsstrategien für alle die mit Gruppen arbeiten.
Mit vier Fallbeispielen
Band 2 der Reihe Moderation in der Praxis

ISBN 3-922789- 63-3

Ein Blick von außen wird immer dann gesucht, wenn sich Probleme nicht mehr verdrängen lassen und die Bewältigung von Aufgaben gefährdet ist. Dieses Handbuch nimmt sich solcher Konfliktbearbeitungen an. Es bietet Konzepte, die die Ursachen identifizieren und die Behandlung geschickt steuern. Die Handlungsanleitungen ermöglichen es, Auseinandersetzungen zwischen Konfliktparteien in Arbeitsgruppen für neue Lösungsansätze zu nutzen. Das Buch sensibilisiert für problematische Strukturen in Teams, schult den Blick für Beziehungsstörungen und enthält Basiskompetenzen für jeden Moderator.

D. Mayrshofer, H.A. Kröger

PROZESSKOMPETENZ IN DER PROJEKTARBEIT

Ein Handbuch für Projektleiter, Prozessbegleiter und Berater.
Mit vielen Praxisbeispielen
Band 4 der Reihe Moderation in der Praxis

ISBN 3-922789-68-4

Projekte scheitern häufig daran, dass sie die komplexen Zusammenhänge innerhalb des Projekts und seiner Umwelt nicht bewältigen. Dieses Buch behandelt das „Wie" der Projektdurchführung aus einem systemisch-funktionalen Blickwinkel mit einem prozessorientierten Ansatz. Die verschiedenen Ebenen im Projekt werden sinnvoll miteinander vernetzt. Der Schwerpunkt liegt dann auf der praktischen Lösung von Problemen, unterstützt von Beispielabläufen aus dem Arbeitsalltag eines Projektes. Ein ausführlicher Methodenteil verweist auf die notwendigen Werkzeuge.

Joachim Freimuth, Michael Zirkler (Hrsg)

LIZENS ZUM FÜHREN

360-Grad-Feedback in der Personal- und Organisationsentwicklung
Konzepte, Erfahrungen, Implementierung

ISBN 3-922789-83-8

360-Grad-Feedback ist eine „Rundumschau". Es ist Instrument und Methode der Personal- und Organisationsentwicklung, um eine differenzierte Einschätzung des Potentials zu erhalten und Entwicklungen organisationaler Veränderungsprozesse durch Begleitung und Evaluierung zu erfassen. Der Einsatz von 360-Grad-Feedback verlangt professionelle Vorbereitung. Wie man sich dafür rüstet finden sie in diesem Buch: Theorie und Praxis im Überblick, Abwägen von Vor- und Nachteilen, Nennung der Rahmenbedingungen, der Probleme und Fallstricke bei der Implementierung.

Monika Kalnins, Doris Röschmann

ICEBREAKER

Wege bahnen für Lernprozesse. Ein Logbuch für Trainer

ISBN 3-922789-80-3

Icebreaker, das Logbuch für Trainer und PEler, will Verkrustungen aufbrechen und den Blick für neue Wege öffnen. Die Autorinnen liefern dazu praktische Übungen, Metaphern und Geschichten, um Widerstände zu bearbeiten, Lernbereitschaft und Wahrnehmungsfähigkeit zu fördern, Kreativität und Neugier bei den Seminarteilnehmern zu wecken. Icebreaker kann überall dort eingestzt werden, wo es um Veränderungen und ums Lernen geht: in Seminaren zur Personalentwicklung, in Verhaltenstrainings, im Coaching, in Workshops zur Teamentwicklung oder im Rahmen der Lernenden Organisation.